読みなおす日本史

蒲生氏郷

今村義孝

吉川弘文館

はしがき

蒲生氏郷《がもううじさと》は織田信長の天下布武の事業が胎動しはじめたころに生まれ、豊臣政権の確立されたときに、その四十年の生涯を閉じた。その一生は、まさに時代転換の激流の中にあったといえよう。そうした中で、日野六万石の国人領主の家に生まれ、信長・秀吉の直臣となり、ついには会津の太守になるには、非凡の将器でなければならなかったはずである。

事実氏郷は文武両道に優れた器量人といわれ、ために忌まれて、最後には毒殺されたとする説すら残されたのである。しかし、逆にそのような風説が流されたほど、氏郷は魅力ある人物であったということにもなるようである。

それゆえ、「日本の武将」の一人として、蒲生氏郷を書くにあたって留意したことは、その時代の歴史の中で、氏郷がいかなる役割りを果たしたものか、また器量人といわれた性格が、戦いに、あるいは領国経営に、どんな形をとって現われたかをみることにあった。

そのため、氏郷の経歴からして、日野・松坂・会津若松の三時期に区画し、それぞれの時代の空気の中で成長を続けた、氏郷の姿を捕えることに重点を置いた。しかし、その意図を画き出すことはきわめて困難な問題であった。

その第一の問題は、日野から松坂・会津若松と移封が続いたため、関係のある地域が東西に広いことである。第二は蒲生氏が氏郷以後も移封が相つぎ、ついには絶家したため、関係史料が散逸・亡失していることである。

そのために、内容の記述にあたって、時代的背景の推移に力点が置かれ過ぎる嫌いのあることは、大方のご寛恕を請うものである。

昭和四十二年三月

今村義孝

目　次

蒲生の系譜

蒲生の稲置

蒲生氏郷《がもううじさと》は弘治二年（一五五六）、近江国蒲生郡日野中野城主蒲生左兵衛大夫（または右兵衛大輔）賢秀《かたひで》の嫡男として生まれ、幼名を鶴千代丸とよばれた。

氏郷の生まれた年、隣国美濃では、その地の大名斎藤道三《どうさん》が嫡男義竜と戦って敗死している。道三は尾張の織田信長の舅であったので、道三の死は、急激に尾張、美濃の関係を悪化させた。

また信長は、その前年、これまでの尾張上四郡に、下四郡のうち二郡を合わせ、清洲に移城した。このことは「海道一の弓とり」今川義元を刺激し、両者の間にただならぬ危機をはらみ始めていた。

それゆえに、氏郷四十年の生涯は、信長を軸とする天下統一の事業が胎動し始めたときに始まって、豊臣政権の成立という激動の時期に終始したことになる。一介の日野城主の家に生まれた氏郷は、その時流の中で、ついには会津九十二万石の大大名に成長した。それには、運命を切り開いていくだけの力と才能が氏郷に具わっていなければならなかった。のち、氏郷の茶道の師であった千利休の言として「文武二道の御大将にて、日本におゐて一人・二人の御大名」といわしめたとあることは（『備前老人物語』）、「りっぱな、たぎりたつ魂」（幸田露伴『蒲生氏郷』）の持ち主であったばかりでなく、常にそれを鍛え、磨きあげた氏郷の姿を表現したものであろう。

氏郷は藤原秀郷《ひでさと》流藤原氏といわれる。『蒲生系図』によれば、秀郷七世の孫惟賢《これかた》が、源頼朝のころ、近江国蒲生郡に領地を与えられ、奥州から上って定着し、蒲生氏を名乗ったとある。『氏郷記』には、秀郷六世の孫惟俊《これとし》が五人の弟と共に、平家のころ蒲生郡に所領を得て定住したという。この違いは、その家系に疑いをいだかせるようである。結論としていえることは、蒲生氏の蒲生郡定住は、鎌倉幕府創始前後のころ、すでに始まっていたということである。

藤原秀郷といえば、天慶三年（九四〇）の平将門の叛乱に下野《しもつけ》国押領《おうりよう》使《し》として、その退治を行なった武功の士である。そののち、関東諸国の国司を歴任して、子孫は東国に蔓延《まんえん》したといわれる。秀郷については近江三上山の「むかで退治」という有名な伝説がある。かつて琵琶湖に竜神が住んでいたが、つねに三上山の「むかで」に苦しめられていた。苦しんだ竜神は、「むかで」退治を秀郷に頼んだ。秀郷が「むかで」を退治すると、喜んだ竜神は、秀郷に十種の宝物を送り、その末葉に多くの武将のでることをことほいだ。その十種の宝とは、太刀一腰・鎧一領・旗一流・幕一走・巻絹一本・早《はや》小《こ》鍋《なべ》一つ・首結《くびゆい》俵《たわら》一つ・庖丁一つ・心得の童《わらべ》一人・鐘一つであった。

十種の宝物はすべて、それぞれ子孫にわかたれ、太刀は伊勢赤堀氏に、避来矢の鎧は下野《しもつけ》佐野氏に、

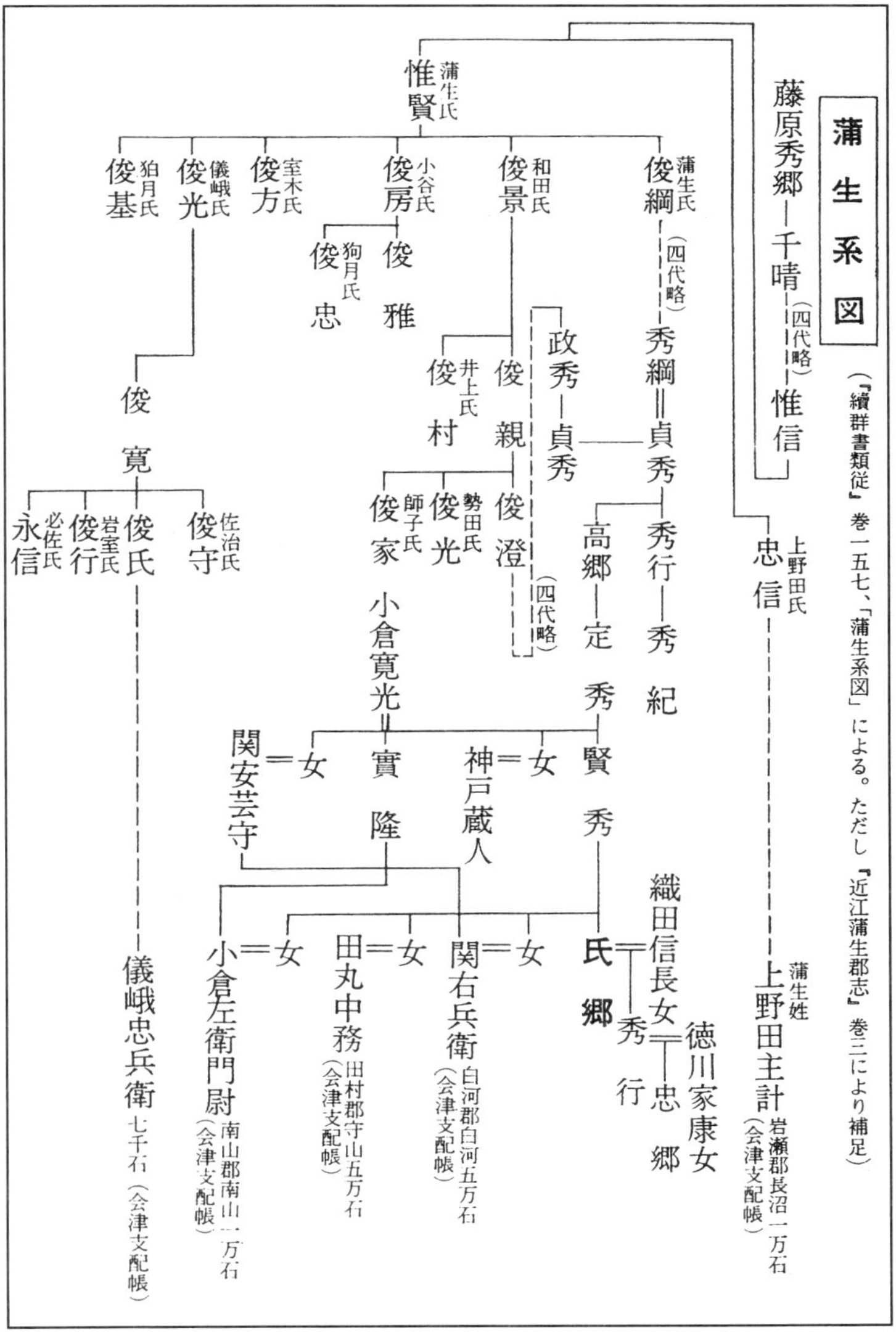
蒲生系図
（『續群書類従』巻一五七、「蒲生系図」による。ただし『近江蒲生郡志』巻二により補足）
藤原秀郷―千晴（四代略）惟信
上野田氏 忠信
蒲生姓 上野田主計
岩瀬郡長沼一万石（会津支配帳）
蒲生氏 惟賢
蒲生氏 俊綱
（四代略）
秀綱＝貞秀―秀行―秀紀
高郷―定秀―賢秀
氏郷
織田信長女
秀行
徳川家康女
忠郷
和田氏 俊景
俊親
井上氏 俊村
政秀―貞秀
勢田氏 俊光
師子氏 俊家
俊澄
（四代略）
小倉寛光
實隆
神戸蔵人＝女
関安芸守＝女
関右兵衛＝女
白河郡白河五万石（会津支配帳）
田丸中務＝女
田村郡守山五万石（会津支配帳）
小倉左衛門尉＝女
南山郡南山一万石（会津支配帳）
小谷氏 俊房
俊雅
狗月氏 俊忠
室木氏 俊方
儀峨氏 俊光
狛月氏 俊基
俊寛
佐治氏 俊守
俊氏
岩室氏 俊行
必佐氏 永信
儀峨忠兵衛
七千石（会津支配帳）

幕は下野小山氏に、早小鍋は蒲生氏に、鐘は三井寺に、いずれも相伝されたといわれている。ともに不思議な力をもつもので、巻絹はいくら使っても尽きず、首結俵の米は、とれども減らず、早小鍋は兵糧を炊くに、たちまち煮えるというような魔法の宝物であった。しかし、時と共に呪力を失ったり、また破損して、蒲生氏に伝わる早小鍋は、底の抜けた破片にすぎなかったといわれる。

遠祖の功業を伝説化し、宝器や呪物を継承して、自家の権威をたかめようとする意識は一般的なので、蒲生氏のみにもたれたものではない。しかし、こうした物語は、昔話の世界によくみられるもので、動物報恩型の竜宮譚と同類異構とみることができる。

蒲生氏が秀郷を遠祖と意識する挿話がもう一つある。蒲生氏の幕紋は立鶴で、その一族は鶴の丸を用いていた。天正十八年（一五九〇）、氏郷は会津移封後三つ首の左巴に幕紋を改めている。この幕紋は、秀郷の後裔下野の小山氏に伝わるものであったが、豊臣秀吉の小田原陣のとき、参陣のおくれた小山小四郎は、所領を没収されて会津に赴き氏郷に頼った。そのとき、氏郷に所伝の幕を献じたところ、氏郷は大いに喜び、遠祖に帰する思いをこめて改紋したといわれる。

いわば『蒲生系図』にしても『氏郷記』とても、その説くところ、惟賢以前は深く伝承の世界を通じて遠祖秀郷に結び着けている。

『蒲生系図』を見ると、蒲生惟賢には六子があった。長子の俊綱は総領職をうけ、次子俊景は和田（甲賀郡甲賀町油日地内）に、三子俊房は小谷（蒲生郡日野町北必佐小谷）に、四子俊方は室木（蒲生郡日野町地内か）に、五子俊光は儀峨《ぎが》（甲賀郡甲賀町儀峨）に、六子俊基は狛月《こまつき》（蒲生郡日野町南必佐駒月。あるいは猪野氏、猪野は不明）に分かれ住み、おのおの住地によって姓を名乗ったとある。

しかしながら、蒲生の宗家は氏郷の死後しばしば移封され、それに四代忠知が寛永十一年（一六三四）に早逝し、以後後嗣なくして断絶したためか、その宗家の去就を明らかにすることが困難である。

幸い、今に残る支流の『儀峨氏文書』によって、その姿を推察することができる。（原文漢文）

近江国の住人俊光申す

蒲生郡散在の田畠兼次《かねつぐ》名《みよう》並に成安名の事

右名等、譲りを得て知行せしむるの処、去年四月、良範の為めに衍《えん》妨《ぼう》せらる云々てへり。譲状に任せ、俊光に知行せしむべし。但し又良範の訴訟あらば、問注の状を徴せしむべし。鎌倉殿の仰せに依り、

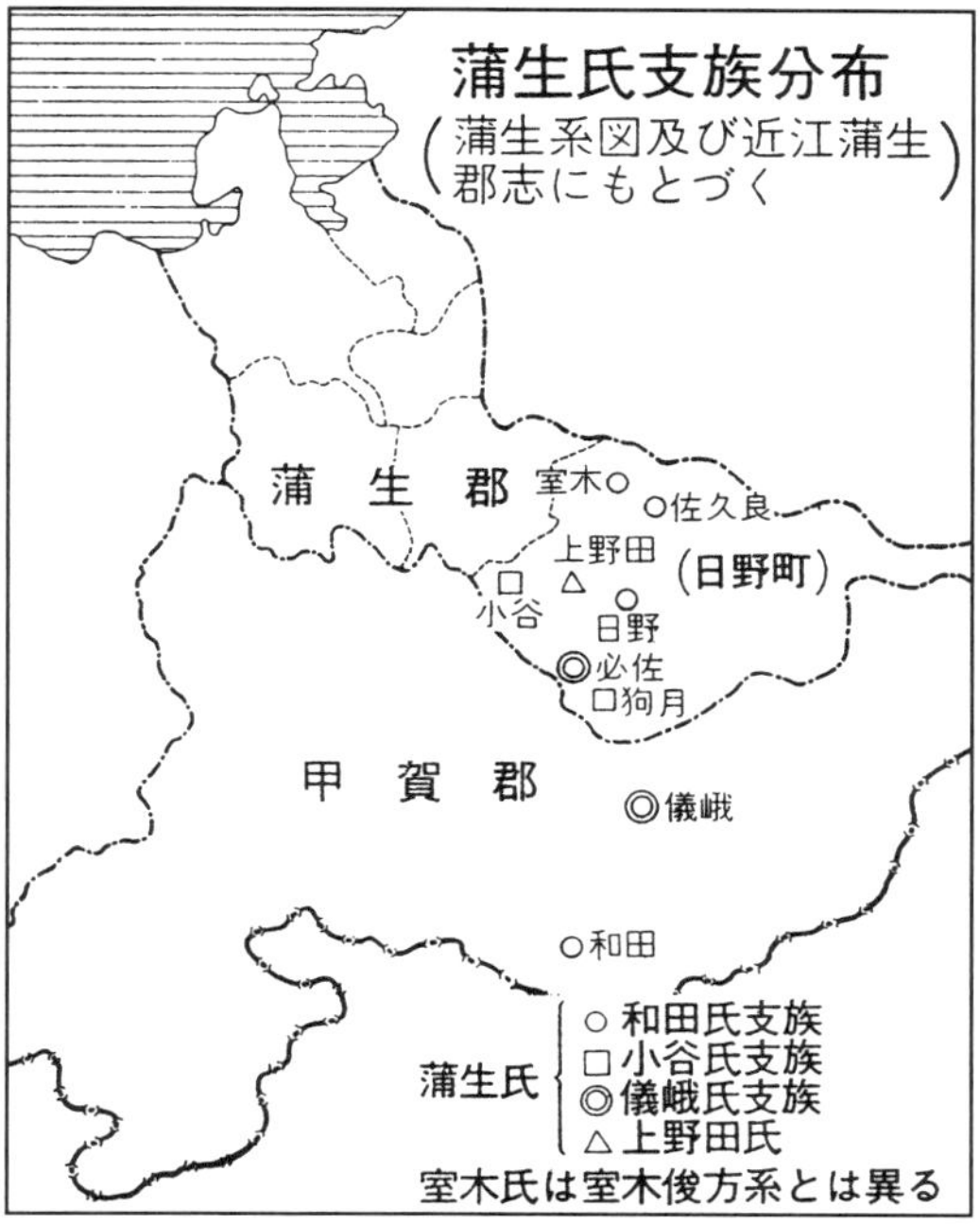

下知件《くだん》の如し。

元久二年五月廿三日　　遠江守（北条時政）（花押）

俊光は蒲生惟賢の五男である。兼次名は不明だが、成安名は日野牧上保にあるとされ、共に京都祇園社感神院の庄園であった。これらの名《みょう》は、おそらく惟賢の分与するところであろう。俊光は、その年、勧学院領甲賀郡儀峨庄の下司職《げすしき》を譲られている。俊光が儀峨氏を称するのはこれによる。今、蒲生一族及び支族の分布を見ると、ほぼ蒲生上郡を中心とし、接続する甲賀郡におよぶ。ゆえに蒲生総領家は蒲生上郡に位置し、儀峨氏と同様に他の四氏にも所職《しょしき》・名田《みょうでん》を分与したことがうかがわれる。なおのちに成安名は儀峨俊光の二男俊季に分与された。

その蒲生氏の地位を示すと思われるものが、『蒲生系図』に記載されている。それによれば、惟賢の一女は佐々木太郎定綱の室とある。

佐々木氏は宇多源氏といわれ、蒲生郡佐々木庄小脇（八日市市小脇）に住して佐々木氏を称したと伝えるが、その出自には疑問がもたれる。蒲生下郡に勢力を張った古代豪族に佐々貴山公《ささきやまのきみ》族があった。古く奈良時代には蒲生郡の大領《たいりょう》として知られ、平安時代になっても、それを継承していた。『東寺文書』の中に、源昇《のぼる》の庄園「蒲生郡安吉郷上田庄」の成立を伝えるものがある。それによれば、十世紀前後のころ、蒲生郡大領佐々貴岑雄《みねお》らの売与によって成立している。しかし売与といっても、事実はこのころ広くみられたように、源昇を領家《りょうけ》と仰ぎ、庄園化する手段であったと思われる。

佐々貴山氏は、平安時代になると、佐々貴岑雄のように、「山」をはぶく場合も多くなっているから、佐々貴が佐々木に転化することは容易である。また佐々木が源氏との庄園関係を通じて源氏姓を称することも、時の経過の中で考えられることだから、佐々木氏は佐々貴山氏より出たとする説も否定できないようである。

いずれにしても佐々木氏は、近江蒲生郡の豪族であったことには間違いない。保元（一一五六）平治の乱（一一五九）のころ、佐々木秀義があって源義朝に従っていた。義朝が平治の乱に敗れたのち、秀義は逃がれて相模国に流浪した。

治承四年（一一八〇）、源頼朝の旗揚げに加わり、その子定綱・経高・盛綱・高綱はともに平家追討に殊功があったので、やがて、いずれも諸国の守護に補任された。長子定綱は特に近江の守護に任じ、故郷に錦を飾った。そうした門地と、新たな勢威を考えるならば、その妻に結ばれる蒲生氏もまた、それに見合う家格をもったものとみることができる。

蒲生郡において佐々貴山公とならぶ古代豪族に蒲生稲置《いなぎ》があげられる。その出自は凡河内直《おおしこうちのあたい》族といわれ、その住地は『倭名類聚抄《わみょうるいじゅうしょう》』にみられる蒲生郷と推定され、今の蒲生郡の中央部を占めていたようである。

稲置を古代に設置された屯倉《みやけ》の稲穀の出納にあたるものとすれば、その地方の有勢氏族がそれに選ばれることは多かったにちがいない。また、その氏族は土着の豪族として稲置を世襲することも考え

蒲生上・中郡藤原氏関係庄園

庄名	所在地
市子庄	蒲生町朝日野・桜川、竜王町苗・鏡山
麻生庄	蒲生町朝日野上・下麻生地方
綺《かば》田《た》庄	蒲生町桜川綺田地方
安吉保	竜王町苗・鏡山、近江八幡市馬淵地方
日野牧	日野町地内

られ、世襲によって稲置が固定すれば、その職名の姓《かばね》に転化する理由もあった。ただし、蒲生稲置の名は、佐々貴山公族ほど歴史にあきらかでない。しかし、そのことは蒲生稲置の断絶を意味するものではなく、政治的な動きの上では埋没していても、底辺にはその後裔等の姿を見出すことができたにちがいない。

蒲生郡の中郡から上郡には、藤原氏の全盛期に、摂関家、またはそれと関係の深い興福寺・法成《ほうじよう》寺《じ》領庄園などが広く分布していた。これらの庄園は院政時代の庄園整理を経て、複雑な所領関係にかわるが、それまでに蒲生稲置の後裔は、佐々貴山公氏と同様に、藤原氏と庄園関係を結び、下地《したじ》の権利を庄園の下司職・公文《くもん》職、あるいは名主《みようしゅ》職の形で保有したとみることもできよう。

それがやがて領家の氏をおかし、ついで武士化の進むにつれ、武威の誉れに名を得た藤原秀郷の名跡に帰し、佐々木氏と同様の経過をたどりながら、秀郷流藤原氏をとなえたものと考えることができる。そうみたときに、『蒲生系図』にみられる謎も解決できるようであり、また蒲生氏の鎌倉以後の動静も、それを裏付けるものがある。

非御家人

鎌倉期より室町初期にかけて、蒲生氏の消息ははっきりしない。しいて探るならば、断片的に残る儀峨氏の動静からみるより他に方法がない。その儀峨氏についてみると次の譲り状がある。

譲り渡す　先祖相伝の所帯・名田等の事
　合
近江国蒲生上郡迫にある名田参町壱段証金剛院云々
並びに必佐《ひさ》郷内に散在の坪々、菅迫（ママ）一切七段半
同坪弐段日吉領七条二里一坪八段大大神宮領、同十四坪壱町証金剛院領、記比生尻八段日吉、京摩五段
屋敷弐段半。十坪ニ四段安吉保、並甲賀郡儀峨御庄下司職、同名田、名畠、屋敷、山野、所従等
の事
右件の所職・名田等、藤原泰俊の先祖相伝の所職・名田畠なり、然る間嫡男字《あざな》亀若に調度・証

文等相副え、永代に譲り渡す所、実証明白なり。仍ち末代を終ると雖も、更に以て他の妨げ有るべからず。又所従等は証文に任せ、違乱なく進退せしむ可きものなり。仍ち後日の為に沙汰し、譲り渡すの状、件の如し。

弘安六年十二月十二日

藤原泰俊（花押）（原文漢文）

（『近江蒲生郡志』所収近江「蒲生文書」）

これは藤原泰俊より嫡男亀若への所職・名田譲り状である。

勧学院領儀峨庄下司職は、元久二年（一二〇五）に儀峨氏の祖俊光に見られた。譲り状の日付弘安六年（一二八三）より十三年後の永仁四年（一二九六）に、儀峨頼秀、幼名亀若は下司の新給五町を儀峨庄に宛行《あてが》われた。正安元年（一二九九）に与えられた頼秀への下司職補任状には、儀峨庄下司職を「左衛門尉秀氏重代相伝の所帯」とし、「秀氏の子息亀若丸に元の如く」知行することを命じているので、ここでいう藤原泰俊は儀峨氏と別人とは考えられない。それゆえ、泰俊を秀氏に比し、文中の亀若を頼秀の幼名とする意見も（『近江蒲生郡志』）、誤りとは思われないようである。

そうであれば、儀峨氏はこの時期に勧学院領下司職を相伝し、庄内に屋敷・名田畠・山林を所有し、所従を従え、蒲生上郡内に錯綜して設けられた証金剛院・日吉社《ひえ》・伊勢大神宮領の中に散在した七町一段半余の名主職に補されていたことになる。いわば儀峨氏の勢力は庄園内における所職に負うものであって、地頭職の証拠は発見できない。このことは、その宗家蒲生氏にも通ずるものであり、蒲生一族は、強大な公家・寺社との庄園関係の中で、非御家人として存立していたことを思わせている。

儀峨頼秀は、そののち藤原氏領麻生庄（蒲生上郡内）の公文職にも補せられていたが、鎌倉末期に顕著になってくる庄園内の反領主的な動きや、地頭武士の侵犯に対決しなければならなかった。

甲賀郡から山をへだてた背後の伊賀国では、東大寺領黒田庄の悪党の庄務を妨害する事件が頻発していた。元亨四年（一三二四）、東大寺はその追捕を六波羅探題《ろくはらたんだい》に訴えたので、六波羅は伊賀の御家人柘植《つげ》次郎左衛門尉と近江の守護佐々木三郎左衛門尉時信に追捕を命じた。しかし、時信は守護代馬淵二郎左衛門範綱の請文によって、「近江でも強盗や海賊が所々に出没するため、今その討伐の最中で」余裕もなく、それに「黒田庄の悪党は追捕使が行けば逃れ隠れ、帰るとまた庄家に帰って城郭を構え、悪行の限りを尽くすので、討伐は伊賀の守護・地頭御家人に命ずべきである」として辞している。

ちょうどそのころ、儀峨庄に二つの事件が起こった。永仁四年（一二九四）に庄内に「地下の狼藉《ろうぜき》」が起こっている。その実態はあまり明白でないが、反領主的な名主らの抵抗であって、頼秀はそれを鎮圧した功により、三ヵ年の期限つきではあるが、儀峨庄の預所《あずかりどころ》職と定使《じょうし》職を兼補されている。

元亨四年には、悪党高山四郎が頼秀の下司に反抗して乱暴を働いたので、その処置を幕府に訴えた。高山四郎は頼秀と同じ蒲生の支流小谷氏と姻戚関係にあった甲賀武士とされるから、儀峨庄内に名田を持ち、それと下司名田との境界争いなどに端を発した事件であろう。この限りにおいて、二つの事件は黒田庄の悪党が下司ぐるみ寺家《じけ》に反抗したのと、性格を異にしている。しかし、反領主的な動きという点においては軌を一つにしている。

御家人勢力の儀峨庄への侵透は、正安元年（一二九九）に起こった信濃前司源仲信及び源頼泰との係争についてみられる。この二人の経歴は明確でない。仲信は蒲生秀俊の祇園社領日野牧成保名名主職に対しても異議をとなえているから、甲賀郡や蒲生上郡に散在した所領を持っていたものと思われる。

そののち、仲信・頼泰ともに死去して、問題は解決したかにみえたが、事実は頼泰の子孫は庄内に住み、押領を続けていたようである。三十年たった至徳二年（一三三〇）、領家「殿下の御下知」として、頼秀の子知俊を「相伝の道理」にまかせ、下司職に補するとともに、「新儀の非法」の処置を禁じ、下司の所務の妨害を企てている頼泰の子孫及び親類と「同心合力」しない旨を誓わせた。いわば、領家は頼泰の子孫らの庄園侵犯と、ならびに新儀非法による農民と下地支配の拡大を恐れたのである。

こうした侵犯の場合、仲信らが御家人であるため、領家では幕府の直接裁決を必要とする立場をとったため、頼秀や知俊は、解決を幕府に訴えなければならなかった。その経過については明確でないが、結果として翌三年（一三三一）に、頼泰の子頼仲ら兄弟三人は、信濃前司仲信が事情あって下司の所務を妨げたとき、和談が成立し、所職の名田などを中分したと主張し、

一、下司名の本・新田畠ともに折半する。
一、本・新田とも聞出しの度ごとに、それを折半する。
一、百姓・伝馬を召し仕うことは先例にまかせる。
一、下司名中にある山林・河原は旧例のまま儀峨で支配する。
一、下司名田を手作りするとき、百姓を召し使うことは、先例もあるから差しつかえない。

などの契約を行なっている。こうした傾向は、非御家人を武家勢力へ傾斜させることとなる。その機会となったのが南北朝の争乱であった。

この争乱に、畿内をはじめ近江の蒲生一族のような土着武士は、あるいは朝廷方に、または武家方に帰属して、地位の向上に努めた。元弘の乱のとき、蒲生氏の去就は明らかでない。しかし、南北朝対立の時期になると、足利方では積極的に土着武士勢力の吸収に努めたようで、延元二年（建武四年、一三三七）、足利直義《ただよし》は蒲生一族に対し、「但馬・丹波凶徒誅伐」のため軍勢を催促している。蒲生一族とあるから、おそらく蒲生宗家にあて、その総領の統制力を利用して出兵をうながしたものと思われる。このころ、蒲生宗家は俊綱の時代にあたるが、その催促に応じたかどうかは明らかでない。また、このころになると、蒲生一族も分裂した行動をとったようである。

延元三年（建武五年、一三三八）、吉野より潜入された五辻宮兵部卿守良親王の活躍により、甲賀信《しが》楽谷《らきだに》に南朝軍の蜂起があった。このころ吉野と大和宇陀《うだ》・甲賀を経て伊勢国司北畠家と結ぶ南朝勢力の連鎖ができており、甲賀はそれに接近していたため、その活動をたすけたものと思われる。このとき、蒲生俊綱は、それに応じ信楽・小谷山方面に出没したようで、「命を南朝に受く。小谷山城没落し、信楽牧村に退去す云々」（『近江蒲生郡志』所収「信楽院蒲生系図」）との記事がある。

これに対し、儀峨氏は当初、守護佐々木六角氏に従い、正平二年（一三四七）の藤井寺の戦いを初め、瓜生野《うりゅうの》・四条畷合戦と楠木正行との戦いに参陣した。観応の政変以降は、足利尊氏・直義および高師直《こうのもろなお》の去就に応じ、佐々木六角氏を離れ、主として南朝方として甲賀に出没した。尊氏によって正平の一統がなされた八年以降には、再び佐々木氏への従属を深めたようで、以後、佐々木六角氏の内談衆（天授元年、一三七五）あるいは守護代官（元中九年、一三九二）などに補されていることを見出すことができる。

一方、蒲生宗家は俊綱以後、秀朝を経て高秀のころには同じく佐々木とともにあり、正平八年（一三五三）、山名時氏が南朝に降り、兵をひきいて上京したとき、佐々木定詮《さだあき》と将軍義詮《よしあきら》に従って神楽岡《かぐらがおか》に戦い、そのとき、高秀の弟将監師秀は儀峨五郎知秀・八郎秀匡《ひでまさ》らとともに戦死を遂げた。しかし、そののちは将軍に親近したようで、『勢州軍記』に「元来足利家の侍となり、一千の大将なり」というのは、秀貞のときになって、永享五年（一四三三）、その子秀綱を足利義教の御台所《みだいどころ》に奉公させた（『満済准后日記』）事実などにもとづくものであろう。

いわば、蒲生一族は南北朝の争乱期の渦の中で、自由な選択のもとに依存勢力を求め、その所領の安堵と、拡張をはかった。室町幕府の確立にしたがい、ある者は守護に、ある者は将軍に帰属して、勢力を伸展した。それがさらに総領家によって新しく統一されるのは、次の応仁・戦国期を待たなければならなかったのである。

念仏智閑

蒲生の宗家が、ほぼ明らかにその姿を浮かび上らせてくるのは、蒲生貞秀の時代であって、そのときには、すでに「日野の蒲生殿」といわれるように、在地領主としての位置を固めていた。貞秀は蒲生の支流和田政秀の嫡子で、宗家に迎えられ、康正元年（一四五五）、秀綱の死によって、その跡を継いだ。逆算すれば、時に貞秀は十一、二歳である。

その青年期に応仁の乱が始まり、そのまま戦国の世に推移するから、貞秀七十年の生涯は、戦乱に明け暮れたともいってよい。しかし、戦陣の間にも風雅をたしなむ武将として世に知られていた。晩年の作とみられるが明応三年（一四九四）、宗祇らが撰した『新撰菟玖波集《しんせんつくばしゅう》』には、智閑《ちかん》法師と

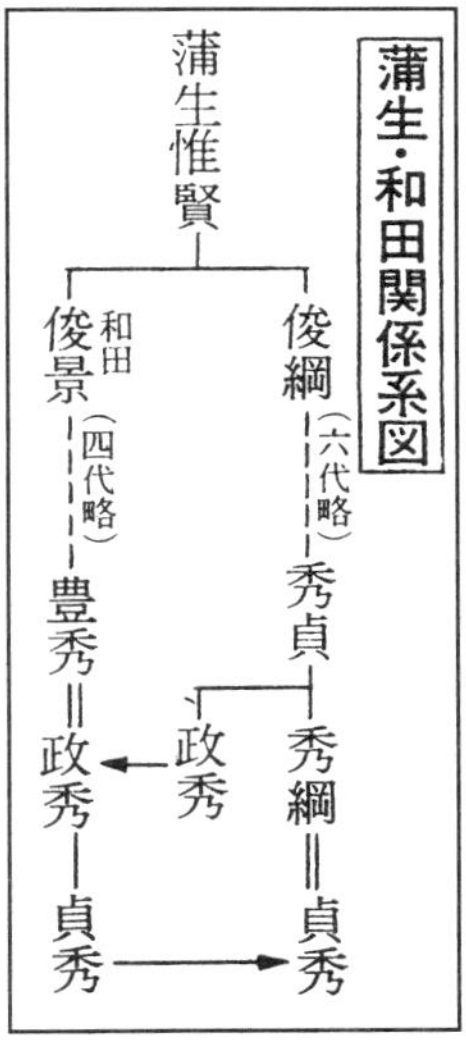

して次の五首が選ばれている。

夏連歌　ほとゝぎす月の行衛に声きえて
　　むつまじきまでになれる袖の香

冬連歌　このはちる浅茅がはらにやど古て
　　露さえやらぬ老の松かぜ

恋連歌　わすらるる人にいのちの絶えもせで
　　あらぬさまにはなどかはるらん

雑連歌　いまははや身をわか草も老の世に
　　おぼつかなしや我もとはじな

同　　人はただむなしき色を心にて
　　かぜも目にみぬ山のあまひこ

『新撰菟玖波集』は勅撰に準ぜられているので、それに選ばれるには凡庸の者のなし得ることではなかった。

蒲生氏は、貞秀の養父秀綱が将軍義教《よしのり》の御台所に仕えたばかりでなく、蒲生郡内の庄園を通じて都の貴紳と交わる機会に恵まれていた。応仁の乱が起こると、公家の中には自己の庄園内に隠棲する者があった。飛鳥井雅親《あすかいまさちか》が甲賀郡柏木庄内に難を避けたとき、貞秀は雅親と親交を結んだようで、かつて貞秀は雅親に日野菜にそえて和歌を送った。

ちきり置て今日はうれしく出る日の
　など暁を恨みわびけん

雅親はこれに答えて、

近江なる檜物の里の桜漬
　これぞ小春のしるしなるらん

と、風雅の交わりを知ることができる。

雅親に和歌を学んだ三条西実隆との交わりも深く、『実隆公記』文亀元年（一五〇一）閏六月三十日の条によると、貞秀が米二荷を送ったことが知られる。それらの交わりの縁によってか、貞秀の妻は西坊城《にしのぼうじょう》顕長《あきなが》の女《むすめ》言子《ときこ》であった。

宗祇との関係も深く、里村《さとむら》紹巴《じょうは》の『紹巴富士見道記』には、永禄十年（一五六七）に日野を訪れたとき、蒲生賢秀と「智閑、宗祇へ伝受古今の箱」について語ったとある。これらはみな、当代に優れた歌人であり、歌学者であったから、歌の道を啓発され、磨くに恵まれていたというべきである。

貞秀はまた信心深く、五十歳のときに剃髪して智閑入道と称し、菩提のため日野に信楽院を建立し、毎年元日には早朝に赴き、念仏回向したのち、新年の賀を行なったといわれる。このころ、都で七日の踏歌にうたわれた歌が伝えられている。

智閑が念仏、持是院が頭布《ずきん》、申して無益、して無益

持是院は美濃の守護土岐氏の家宰斎藤妙椿で、智閑と共に、名の聞こえた武将であった。智閑貞秀は好んで人を斬り、武勇に長じ、戦陣においても念仏を唱え、珠数《じゅず》をつまぐりながら攻略の工夫をこらしたといわれる。妙椿は、頭を暖めるための頭布を、頭を保護するために鉄を張ったといわれ、ともに、その目的に反することを歌ったものである。

しかし、「智閑の念仏、申して無益」とは貞秀の本領が武略にあったことを意味する。蒲生氏は文中元年（応安五年、一三七二）のころに、京都祇園社領蒲生郡宮川保（蒲生郡蒲生町朝日野字宮川）で供米五石九斗のところ、近年一石を未進にしていることから、その庄務を預りながら、蒲生郡中部まで、勢力の拡大をはかっていたことが知られる。その勢力を土台としながら貞秀は、「近辺へ取懸《とりかか》り軍《いくさ》止む時」なく、所領の拡大を計ったのである。

長禄二年（一四五八）に得珍保野方商人が山門に書き上げた訴状がある。

得珍保野方商人　謹しみ言上す

右当保の商人三人、小脇（得珍保外、今の八日市市小脇）商人三人、去年十一月勢州へ商売のため罷り越し候ところ、員辨《いなべ》の郡内山田と申す在所にて、彼の商人等、料足十貫八百文・雑物以下を押取るの間、彼の質物として員辨郡よりの料足十一貫文、旧冬十二月留置き候ところ、員辨の郡の小使三左衛門と申す者来候て、堅く歎き候間、彼の料足十一貫文悉く返し渡し申し候ところ、

此方の料足十貫八百文勢州において渡すべき由、約束候間、商人等勢州へ罷り下り候ところ、掛七貫百文返与と承り候間、其の事をこそ歎き入り候ところ、相残り三貫七百文・腰刀以下いまだ返されず候間、其の事をこそ歎き入り候ところ、結句伊勢殿様へ御使、日野蒲生殿御使両人をもって、彼の商人家内迄御闕所《けっしょ》有るべき由、仰せられ候間、迷惑仕り候、然るべき様に御採持《とりもち》に預り候はば、口となすべき由、粗《あらあら》言上、件《くだん》の如し。（原文漢文）

長禄二年二月

得珍保は僧得珍の開墾にかかるもので、蒲生下郡の北部を占め、今の八日市市に含まれる（小脇を除く中野・市辺・玉緒にわたる）地域をいい、古くから延暦寺領であった。近江は都と東海・北陸地方との接点にあたり、商品流通の発展にともない、各地に商人の発生をみた。蒲生氏の本拠日野牧にも、伊勢路をひかえ、早くから日野市《いち》があり、塩・相物（干物）・檜物などの座が結ばれていた。得珍保では、保内の名主らが延暦寺の俗的勢力と宗教的権威を楯として座を結び、武家支配を排除しながら商活動に従事するものが多かった。それらはのなかには千草峠や八風《ばっぷ》峠（ともに神崎郡永源寺村の東境）を越え、いわゆる山越商人として伊勢と通商するものがあった。

長禄二年の事件は、いわば山越商人と伊勢商人との争論である。それに貞秀が干与したことは、そのときまでに蒲生・神崎二郡の境を通る通商路を押え、保内商人（得珍保内の商人）を押領するほどの勢力をそなえていたものとみることができよう。延暦寺では、その庄園内保内商人を貞秀が闕所にする行為を「はなばた乱吹《らんすい》（乱暴）」だとして、それを停止しない場合には「大訴」するとおどした。その結果は明らかでない。

雲泉大極《うんぜんたいぎょく》の『碧山日録《へきざんにちろく》』寛正二年（一四六一）十二月六日の条に、

黎明に小篠原（野洲郡野洲町）を発し、江千（愛知）河原を歴《こ》ゆ。時に甲兵数百人来る。余其の故を一歩兵に問うに曰く、朝臣日野の客に三木と号する者あり。国士蒲野（生）子と争うに日野の邑《ゆう》をもってす。蒲野子公命をもって三木を攻む。三木、城を堅くし塁を深くして城を保守するをもって抜けず、蒲野の兵敗る。（後略）（原文漢文）

とある。当時日野牧には日野氏領があったので、その客三木氏はその庄務に預っていたものであろう。貞秀の三木氏討伐の理由は明らかではない。領主勝光は将軍足利義政の妻日野富子の兄であり、その縁で三木氏に年貢未進・押領などの事実があってそれを訴え、貞秀に討伐が命ぜられたものとも思われる。

この戦いには敗れたが、貞秀は武力をもって、庄園の所務を併せ、内部の武士や農民の隷属化を進めていたようである。しかもその機会は応仁の乱と、それに続く近江の争乱によって増大した。

応仁元年（一四六七）の正月に京都で起こった争乱は、たちまち全国に波及し、各地で東軍（将軍派で細川勝元派）と西軍（反対派で山名持豊派）が対立抗争し始めた。近江では佐々木六角・京極の両家の対立を軸として動乱は深化した。

六角・京極両氏の反目は、南北朝のとき、足利尊氏が佐々木道誉《どうよ》に近江十三郡のうち五郡を六角氏より割き、近江半分守護職に補し、佐々木近江守護家を分裂させたことに始まる。いわば宿怨の対立が応仁の乱を契機として爆発したといえる。また六角家では再分裂もみられた。佐々木六角満綱はその長子持綱とともに、文安二年（一四四五）、次子時綱に攻め殺され、その時綱も翌年に自殺したので、佐々木六角家の総領職は末子久頼に回った。その血に汚された相続の結果、久頼の子六角高頼が西軍に味方し、東軍の京極氏と対立すると、時綱の子政堯《まさたか》は六角氏をさいて京極氏と結んだので、高頼は終始守勢にたたされた。

戦いの転機は文明二年（一四七〇）に起こった。その前年に京極持清が死ぬと、総領家の分裂は京極氏を初め、その家臣におよび、持清の子政経と、嫡孫高清の間に不和が起こり、その重臣多賀高忠の同族昌宗が西軍に走るなど、その勢力を弱めた。高頼は美濃の守護土岐氏の家宰斎藤妙椿の援助を得て、文明三年（一四七一）十一月に六角政堯を攻め殺し、翌年には京極派の多賀高忠を撃破するなど攻勢に転じたが、京都の権力闘争の影響を受

佐々木六角・京極関係系図

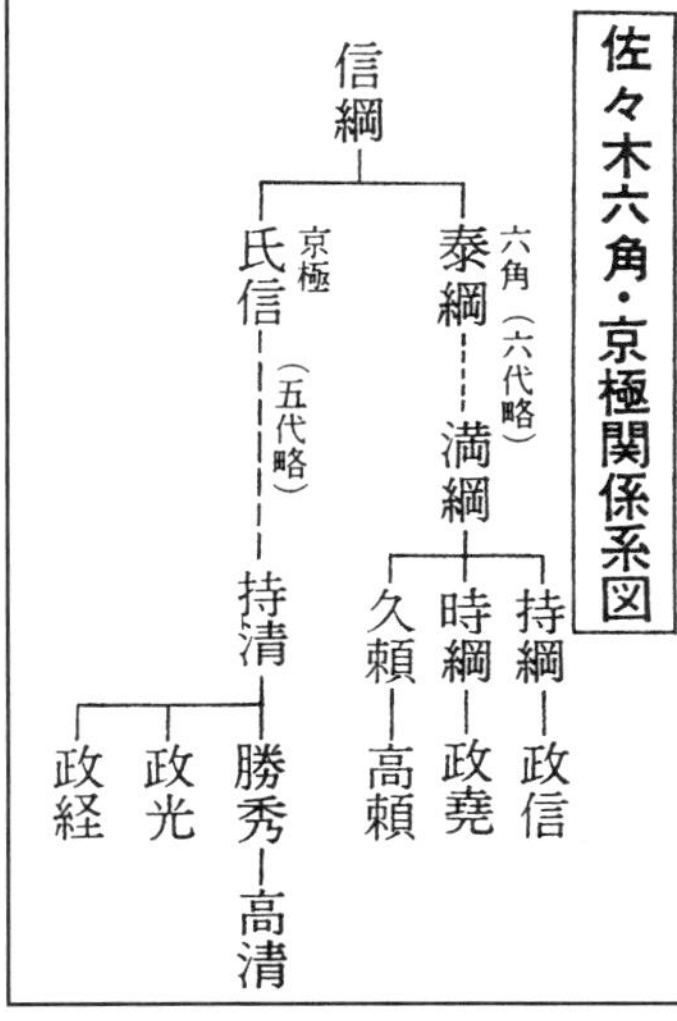

け、近江の戦局はなお流動し、消長を続け、戦国の様相が強められていった。

そうした動乱の中に、近江にあった寺社・公家領は武家勢力に押領されるものが多かった。『蔭凉軒日録』文明十九年（長享元年、一四八七）七月二十三日条に、

（前略）江州において本領ある者は、六角押領に依り不知行、あるいは餓死する者これあり、あるいは餓死に及ぶ者、比々《ひび》これあり。


とあるのは、六角氏による兵糧米の徴収・年貢押領などの事実を誇張したものであろう。それにしても、この年、将軍義尚《よしひさ》が江州征伐を実施したのは、寺社・公家の突き上げによるものであった。

この争乱の中で、蒲生貞秀はどう対処したか、応仁の乱が起こったときには、京極方に味方したといわれるが、その後の態度は明白でない。義尚は佐々木六角征伐の陣中で延徳元年（一四八九）に死し、その事業は新将軍義材《よしき》（義尹《よしただ》、のちに義稙《よしたね》）に引き継がれた。このころには、貞秀を京軍に見出すことができるので、一貫して将軍派として戦ったものか。それにしても、六角氏と対戦したことも見出すことができない。

しかし、細川政元が義材を追い、義澄《よしずみ》を将軍に擁立した明応（一四九二〜一五〇〇）の段階になると、明らかに佐々木六角氏に属し、その中核となっている。

佐々木六角氏には明応から文亀年間にかけて二つの危機が訪れた。明応四年（一四九五）に美濃の守護土岐氏に総領職をめぐる争乱が起こったとき、京極・六角の二氏はそれぞれに分かれ援助した。

翌五年（一四九六）、長子政房を支持する土岐家の家宰斎藤利国は、京極勢と連合して近江に進出、蒲生野に転戦して、ついに六角氏に組した蒲生貞秀を日野中野城に攻めた。『蒲生記』には、「智閑武略を施して持是院（利国）が陣を追崩し、討つこと千余人、持是院わずかに引退く」と貞秀の勝利を伝えている。利国は軍をかえし、佐々木六角氏の本城観音寺城にはいったのち、高頼と和したが、帰濃の途中十二月七日、六角氏郷民の蜂起をうけ、父子ともに戦死を遂げた。

第二の危機は文亀二年（一五〇二）に起こった佐々木六角氏の部下の勢家伊庭貞隆の謀叛である。これにより六角氏の勢力は二分した。貞隆は細川政元と結んだようで高頼は非勢におされて、文亀二年の暮れには難を蒲生貞秀の居城音羽城に避け、ここに日野音羽城攻囲戦が始まった。

『公藤公記』文亀三年（一五〇三）三月二十二日条に

伝え聞く、今日沢蔵（赤沢朝経、沢蔵軒宗益）江州に下向し、日野の蒲生館に発向す云々。六角彼の城に籠るを退治なり云々。（原文漢文）

とあるように、細川政元は伊庭貞能の援助に赤沢朝経を派遣した。『重修応仁記』には、その戦況を次のように記している。

（前略）城兵は上下志を一にして堅固に防ぎ居ける程に、終に寄手は長陣に困窮し、他国にての事では有り、糧米も尽果てければ、先ず此城をば重ねて又攻むべしとて、四面の囲を解き纏めて、寄手皆々引返す処を、智閑入道城兵を払いて多勢を引具し、中山と云う所へ切出で、小谷縄手と云う地にて前後より狭《はさ》み立て、悉く切崩しぬ。沢蔵軒打負けて、細川方の軍兵悉く敗軍し、訇(匐か)々京都へ引帰す、蒲生入道が武勇人皆称美せしめけり。

これを『宗典僧正記』に、

江州弓矢の事、いば(伊庭)事、四月初よりあり、六月初に返り行く云々。

とあるのと対比すれば、攻城二ヵ月にわたっても、貞秀の勇戦により、目的を達せずに京軍は帰京したのである。

これら貞秀の戦いの記録に示される事実は、戦いの中で蒲生氏が国人として、しだいに独立的な領主として成長し、守護佐々木六角氏も時には依存しなければならないほど勢力を伸長したことである。両佐々木の対立や分裂抗争も、独立的な被官層の成立なしには考えられないし、また一方、長享元年(一四八七)よりの将軍義尚、延徳の義材の親征にもかかわらず、甲賀に逃がれ、自由に出没する六角高頼を捕捉できなかったことも、そのような甲賀武士の援助な

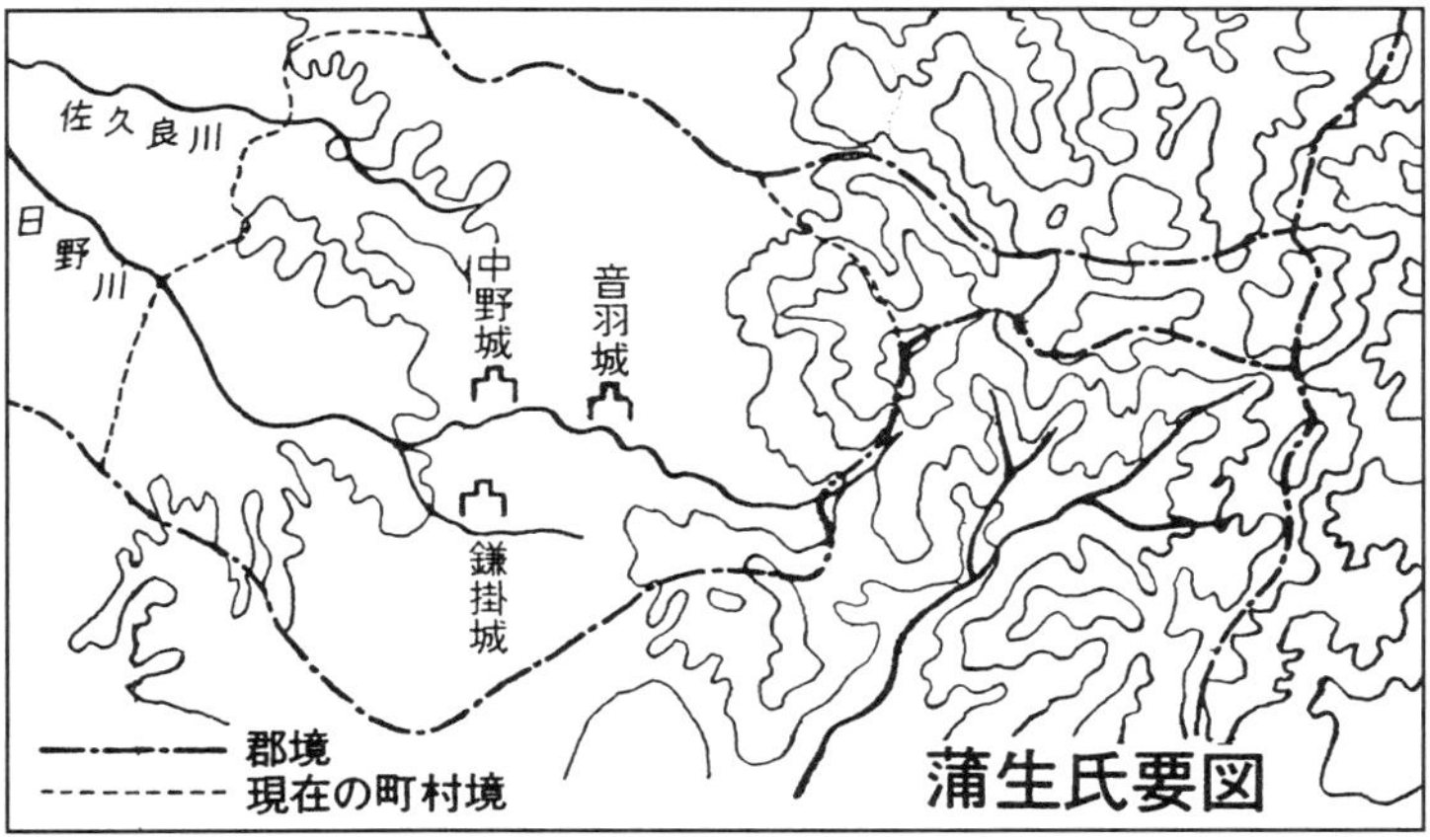

蒲生氏要図

しに考えることはできない。

延徳三年（一四九一）に貞秀は将軍義材より所領を安堵された。

近江国蒲生郡散在の所職・名田以下の事、当知行の旨に任せ、蒲生鶴菊并一族等、弥《いよいよ》もって領掌、相違有るべからざるの状、件《くだん》の如し

延徳三年八月廿二日　　御判（足利義材）

蒲生殿　　　　（原文漢文）

この安堵状は、義材が六角高頼征討の綸旨を得た日に発せられているので、貞秀の懐柔策とも考えられるが、結局、貞秀は京軍に従った。文中鶴菊は貞秀の嗣子秀行の幼名である。安堵状は総領分として一族の者も含んでいるが、単純に総領制の遺制が守られたとは考えられない。もちろん、蒲生氏が蒲生郡散在の所職・名田を基盤として、その勢力がどう組織されたかは明白でない。

しかし、『氏郷記』にみると、その孫定秀、その子賢秀のころには、その権力構造として、

一、一　家　　蒲生の支流

二、紋の内　　蒲生の分流　譜代で家紋の使用をゆるされたもの。

三、家子《いえのこ》・郎等《ろうとう》

の三階層が知られる。この構成は少なくとも、貞秀のときに端を発したものであろう。それなくして、七十年にわたる動乱の中で、独立を強め、国人領主として成長することはできなかったはずである。

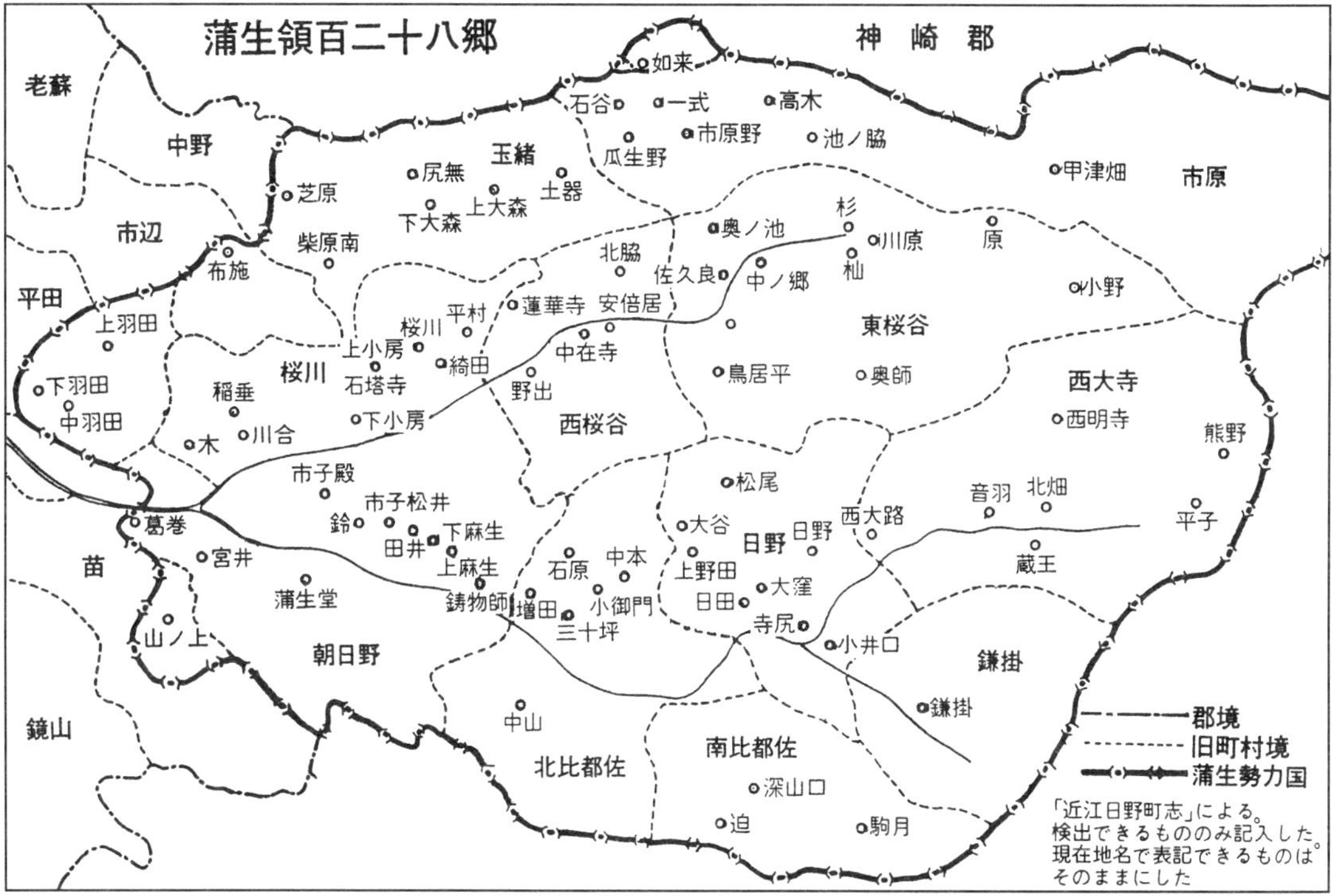

蒲生領百二十八郷
神崎郡
老蘇
中野
市辺
平田
市原
玉緒
桜川
西桜谷
東桜谷
西大寺
日野
朝日野
北比都佐
南比都佐
鎌掛
苗
鏡山
如来
石谷
一式
高木
市原野
池ノ脇
瓜生野
甲津畑
芝原
尻無
上大森
下大森
土器
柴原南
布施
奥ノ池
杉
川原
原
北脇
佐久良
中ノ郷
杣
小野
上羽田
下羽田
中羽田
桜川
平村
蓮華寺
安倍居
上小房
綺田
中在寺
石塔寺
野出
稲垂
川合
木
下小房
鳥居平
奥師
西明寺
熊野
市子殿
市子松井
鈴
田井
下麻生
上麻生
鋳物師
増田
三十坪
石原
中本
小御門
松尾
大谷
上野田
日田
日野
大窪
寺尻
西大路
音羽
北畑
平子
蔵王
小井口
葛巻
宮井
蒲生堂
山ノ上
中山
深山口
迫
駒月
鎌掛
郡境
旧町村境
蒲生勢力国
「近江日野町志」による。
検出できるもののみ記入した。
現在地名で表記できるものは。
そのままにした

貞秀は戦いの中で、独立した支族を一家として統制し、庄園内の地侍を組織しながら「紋の内」的な者とし把握して、家子・郎等や農民の隷属化を強めながら、守護佐々木六角氏の足もとを掘り崩しつつ、領主的発展の道をたどったものと思われる。応仁以来の自由な行動も、自主独立化のためのものであり、また、そのための戦いであった。「日野蒲生殿は百二十八郷」といわれた所領も「大永五年（一五二五）壬申四月、蒲生高郷《たかさと》の定め給ふ直治の処」（『近江日野史』）とあるが、すくなくともその基礎は念仏智閑の戦いの歴史の中でつくられたものとみることができる。

骨肉相剋

明応二年（一四九三）、将軍義材が細川政元に追われたのちは、将軍はすでに権門の傀儡であり、その統制力は失われ、下剋上の大勢は広く深く浸透していった。

蒲生氏も貞秀の武勇によって、国人領主として、その地位を固めたかのごとくにみえたが、貞秀の死と共に、蒲生の家督職をめぐる分裂抗争が起こった。

『寺院雑要抄』の大永三年（一五二三）七月二十九日条に、佐々木六角定頼の智甘《ちかん》城攻囲の事実がみられる。

七月二十九日、去る二十日、江州の智甘城（智閑の城なり）に六角二万騎計《ばか》りにて押寄す云々。然りと雖も石

礫を打出し、八百人計り寄手生涯す云々。諸国急劇の因縁か、珍らしき事なり。（原文漢文）

智甘城とは、蒲生貞秀智閑入道の築いた城で、貞秀はのちに中野城を築いて移り、このころは、この三子音羽秀順《ひでのぶ》の居城であった。音羽城の攻囲戦は七月二十日に始まり、城中の守兵二百人余に対し、六角方は湖西の高嶋佐々木朽木稙綱《くつきたねつな》など一門を加えた二万余の大軍をもって、長囲の計をとった。

同じ大永三年（一五二三）三月十八日条には、

（前略）江州蒲生太郎、去年七月より立籠《たてこも》り、終に当月八日六角と甲散（降参）し了る。（中略）今五年を経ると雖も兵糧・水・木の窮め尽すべからざるの銘（名）城なり。然りと雖も、此の正月に病死七十人に及ぶ。惣相五百人計《ばか》りの内四十人病ざる者これ在り云々。周尾（周備）の城と雖も、夏衣裳にて旧冬の寒天に人々勘《かん》（堪）忍《にん》の故に、悉く以て病起せしむ云々。此の日野郡は本式は家門の御領の由聞き及び了んぬ。（原文漢文）

とある。智閑の築いた城がいかに堅固であり、また籠城の準備が事前に充分になされていたかは明白である。蒲生太郎が寡兵をもって大軍に対し、八ヵ月にわたって籠城に耐えたのも、それにもとづくものであろうが、また、その人物の凡庸でないことを思わせる。結局、蒲生太郎が六角氏の軍門に降ったのは、包囲のうちに病兵の続出があり、戦闘力を失った結果である。

この日野音羽城攻囲の原因は「諸国急劇の因縁」とされているが、その勇戦の将蒲生太郎とともに明確にされていない。『氏郷記』や『蒲生文武記』は、これについて、次のように述べている。

蒲生貞秀には秀行《ひでゆき》・高郷《たかさと》・秀順《ひでのぶ》の三子があった。秀行は総領であるから将軍家へ出仕させ、二男高郷は六角氏へ、末子秀順は細川氏に仕えさせた。秀順は音羽姓を名乗るから、そのころより、音羽城に住んだものと思われる。

秀行は幼名を鶴菊丸と呼ばれ、長じて藤太郎と称した。刑部大輔に補し、従五位下に叙されたが、永正十年（一五一三）八月十五日、三十八歳にして父に先だち死去した。その子秀紀《ひでのり》は藤兵衛を称しているが、蒲生太郎秀紀と『宣胤卿記』にみえるので、太郎とも称したものであろう。父秀行の死去のときは、いまだ十三歳であった。

次子高郷は、秀紀が「落胤腹《らくいんばら》」であり、幼少であるため、代わって家督職を継ぐことを父貞秀に訴えたが、貞秀はそれを許さなかった。秀紀を「落胤腹」というのは、庶出のためであったかと思われる。

永正十一年（一五一四）に貞秀は死去して秀紀が家督を継いだ。高郷は、そのことへの不満の上に、所領の分与も少なく、そのために、その子定秀は尾張知多郡に、または美濃斎藤氏のもとに流寓しなくてはならなかった。高郷はそうした運命に怒りをたかめていたようである。

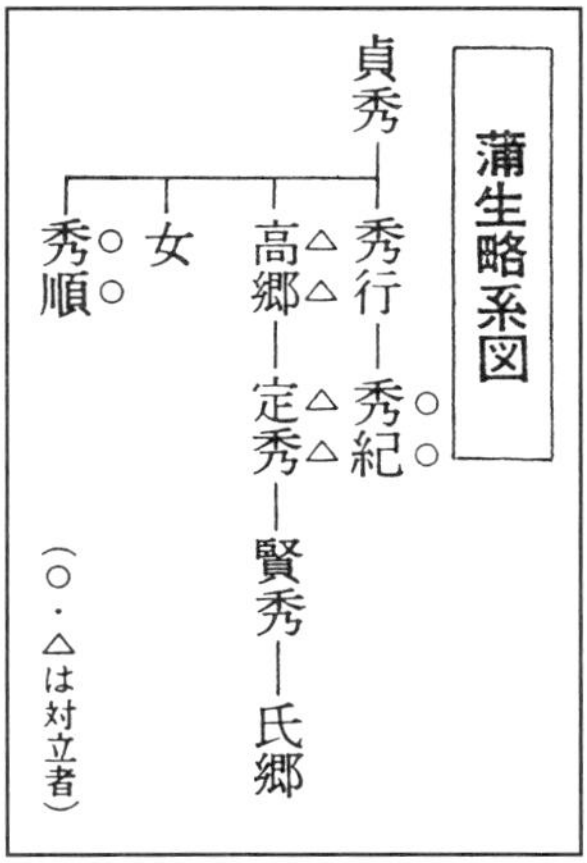

秀紀の人柄については、「勇猛にして、いたずらに人を

切り、悪逆不道なれば生の家を継ぐべき人にあらず」とし、そのために、家子・郎等のこれを見捨てる者も多かったので、高郷は秀紀を討って蒲生の家督を奪わんと計り、廻文をもって兵を集めた。秀紀はその形勢を察し、叔父秀順の拠る音羽城にはいり、共に籠城した。主家の大事を思う者も多く、貞秀以来の長臣森五郎左衛門・和田大蔵助を初めとし、忠節の志ある者共は親子兄弟引き別れ、思い思いに音羽に馳せつけ入城し、ここに両者の対立は戦火の中にまみえることになった。それは永正も末年のころであったようである。戦いの困難さを見た高郷は、主家の六角定頼に援助を求め、その結果が六角勢の日野音羽城攻囲となったとしている。

しかし、『氏郷記』や『蒲生文武記』の記するところは、のちの編述のためか、まず基本的な誤りがある。すなわち、秀行の出仕したのを足利義輝とし、音羽城攻囲の大将を六角左京大夫義賢とするごときであって、そこには時間的錯誤がおかされている。それにもまして注意すべきは、これらの書が、血に汚された高郷の系譜を引く氏郷の功業を述べるのに力点が置かれていることである。それゆえ、高郷の対立者秀紀が必要以上に曲筆されたこともありうる。

秀紀について知りうることは、祖父貞秀に似て、和歌を良くしたことである。中御門宣胤《なかみかどのぶたね》の『宣胤卿記』の大永三年（一五二三）正月十八日条に、秀紀は正月二十日の和歌会始めに、中御門宣胤や前内大臣正親町実望《おおぎまちさねもち》にたいし、「社頭祝君」の題で詠歌を求め、

天皇《すみろぎ》乃《の》代は千世《ちとせ》左右《まで》と祝《はふり》等が

の歌を送り、四月十六日には、詠歌を寄せた礼として樽一荷・雉三・鮒鮓《ふなずし》の荒巻五つを、おのおのに贈ったことが書かれている。正月二十日といえば、籠城の苦難のさなかであるのに、城中で恒例の歌会を催す、その余裕と雅懐はみるべきものがある。

秀紀の性格を「勇猛にして、いたずらに人を切り、悪逆不道」とし、「勇猛人に越えて、宇津の太刀の物切を腰を放さず捽《も》たれしが、人を斬る事際《かぎ》りもなし」とするのは、貞秀を「好みて人を斬り、武勇に長じ」、戦陣を好んで「悪心はやまず」と評するのと軌を一つにしている。貞秀を文武にすぐれた勇者とするならば、秀紀もまた、それに劣らず勇者であったことは、この前後の戦いによく示されている。戦国の世を生き抜き、領主として成長するには、悪逆不道といい、悪心といわれるほどの勇猛心を必要とした。貞秀の幼少な秀紀への期待もそこにあったであろう。

それゆえ、日野音羽城の籠城戦は、高郷の野心に基づく家督権争奪の戦いであり、蒲生家の分裂であった。また、蒲生氏の一家・紋の内・家子郎等という領主権力の構成の中に、独立体としての地侍の集合という体制が、なお存在した組織の未熟さが、分裂の基盤となったことも否定できないようである。

秀紀の屈伏は守護家佐々木六角氏の圧力のためであった。定頼は音羽開城ののち、それを破却し、三月二十八日に観音寺城に帰陣した。そのとき、秀紀と高郷の和解を計り、蒲生氏の所領を二分して、それぞれに与え、ついで高郷の子定秀の娘を秀紀の妻に配することにした。以後、高郷と定秀は日野中野城に、秀紀は新たに鎌掛城を築き、そこに居城した。

この戦いに高郷が得たものは蒲生領の半分であって、蒲生の家督職をうることができなかったので、機会をみて秀紀を除き、家督職を手中に収めようと計ったといわれる。かくて起こったのが秀紀毒殺事件である。

秀紀毒殺の主役は、高郷とも、また定秀とも、二説がかかげられている。共謀とみるべきであろう。その臣下外池玄正法師と新開半右衛門の弟禅僧善知容と計り、善知容を秀紀の城中に送った。善知容はあらわに忠節を尽くし、無二の奉公をして秀紀に信頼され、近習となった。心のとけたところで、ある女に近づき、秀紀に鴆毒《ちんどく》を盛った。毒にあてられた秀紀は、悩乱と激怒の交錯で赤鬼のようになり、大刀を引き抜き、腹十文字にかきさばき、喉笛かっきり、城壁より堀をめがけて飛び込んで果てたといわれる。

高郷は陰謀をもって秀紀をたおし、血にぬれた手で家督職を握った。間もなく大永七年（一五二七）に入道し、享禄三年（一五三〇）六月四日、「無量寿仏の国」を欣求しながら死去した。

高郷の跡をうけて定秀が家督を継いだ。定秀は天文二・三年のころ（一五三三〜三四）中野城を築き、日野城下町の町割りを実施したといわれる。中野城は初め蒲生貞秀の築城にかかり、文亀四年（永正元年、一五〇四）二月より永正三年（一五〇六）にかけて完成したとあるから、定秀の中野城は、さらにその西に築城したものか。日野城といわれるのはこの中野城を指している。それを基点として城下町を建設したといわれるが、その完成はまだのちに期待しなければならなかったようである。

定秀は、在地権力の強化を佐々木六角氏に従属しながら進めたようである。高郷流が蒲生の家督職を得たのは、六角氏の援助によるところが大きかったし、定秀の「定」は定頼の片諱《いなみ》を与えられたものといわれる。そのうえ、天文四年（一五三五）には任官を奏請し、ゆるされて左兵衛大夫に任じ権威をつけた。

天文年間以来、佐々木六角氏が京極氏と、また、京極高清の死後その子高慶《たかよし》・高延《たかのぶ》の党争にかかわって、京極の家宰浅井氏と交戦したり、あるいは、都で細川晴元に結び、それと将軍義晴《よしはる》や三好長慶《ちょうけい》との紛争に兵を出すときに、

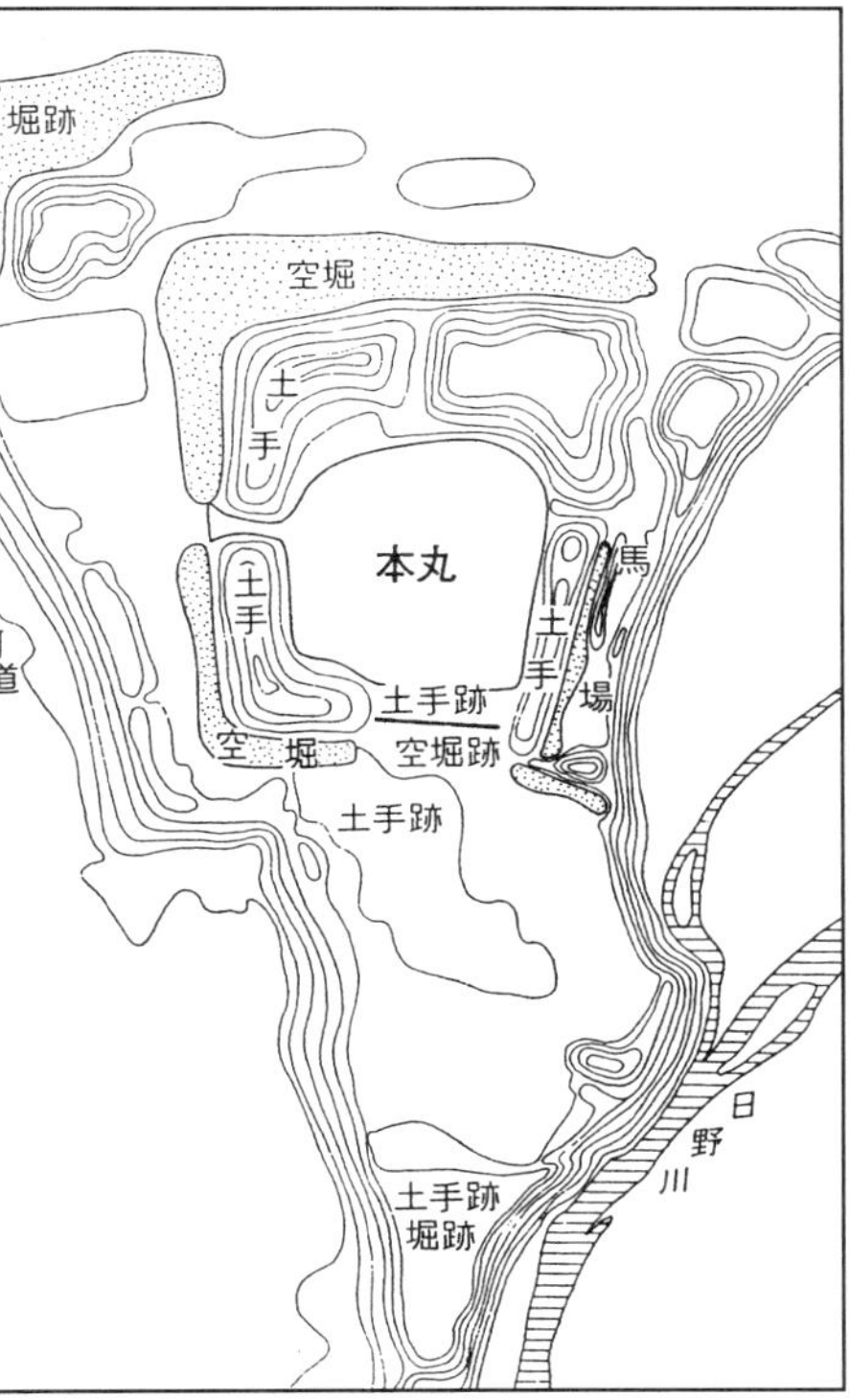

中野（日野）城址
（天文二・三年蒲生定秀築城）

定秀は常に兵を出し、功があった。

しかし、守護大名佐々木六角氏が、中央・地方の政争や紛争にかかわって領国経営をおろそかにしている間に、定秀を含めて、その有力被官たちは、在地支配を強化しつつあった。そのあらわれは、永禄六年（一五六四）の観音寺騒動にみることができる。

永禄六年、佐々木六角氏の家督義弼《よしすけ》は、重臣後藤賢豊の声望を忌み、賢豊父子を観音寺城に誘殺した。後藤氏の縁類は江北の浅井長政と結び義弼に反抗し、旧臣は蜂起して観音寺城を焼討ちし、城は焼失した。重臣らは離反して所領地に帰り、義弼の召しに応ずる者がなかったので、窮した義弼は難を日野に逃がれて定秀に依頼し、父義賢入道承禎《しょうてい》は甲賀に走った。

日野城は攻囲されたが、定秀は両者を仲介し、諸重臣を慰撫するとともに、後藤氏の遺児を立て、所領地を安堵するなどの処置を講じ、その難局を解決した。『勢州軍記』は、これを「抜群の忠功」とし、そのゆえに「蒲生父子其の頃六角家において権柄を司どる」といい、定秀の勢威をあらわしている。それに対し守護家はもはや名目だけを維持し、在地に成長してきた被官領主の支持なしには、存立があやぶまれるほどに実体を失ってしまった。

日野六万石

新しい波

観音寺騒動を境にして、江南の守護家佐々木六角の頽勢が目立ってくるころ、近江の勢力分野に著しい変化が現われてきた。

江北の守護家佐々木京極氏は内部の党争によって衰え、その勢力は執権浅井氏に移り、ついに亮政《すけまさ》のときにいたり、主家を奪って東浅井郡小谷山に拠り、江北を領有するにいたった。ここに浅井氏と佐々木六角氏との対立が始まり、享禄四年（一五三一）のころから、両家はしばしば合戦を交えた。浅井氏は越前の朝倉氏の援助により、しだいに江北に地歩を固め、亮政の孫長政は豪勇の誉れ高く、六角氏を圧して覇をとなえていた。

浅井氏と同盟を結んだ朝倉氏は、越前国守護斯波《しば》氏の守護代であったが、その領国を奪い、一乗谷《いちじょうがたに》に拠って北陸に雄飛していた。

美濃国には斎藤氏が割拠していた。斎藤氏は天文十一年、道三のとき、守護土岐頼芸《ときよりよし》を追って美濃を奪ったのである。

尾張国には織田信長があって、永禄三年（一五六〇）、今川義元を桶狭間に討って尾張一国を平定し、武力統一の機会をうかがっていた。その意志は永禄十年（一五六七）から用いはじめた「天下布武」の印文に示されているが、実際には、永禄二年（一五五九）、ひそかに上洛し、将軍足利義輝にまみえたときから萌しはじめたものと思われる。しかし、その目的を果たすためには、後顧の憂いを絶ち、美濃・近江路をきり開く必要があった。

永禄五年（一五六二）、信長は桶狭間における今川義元の敗死により、それから独立した徳川元康（家康）と清洲に同盟を結んだ。永禄八年（一五六五）には、妹婿にあたる美濃苗木《なえき》の城主遠山友勝の娘を養女として、甲斐の武田信玄の息子勝頼に嫁せしめ、これと同盟を結んだ。それは、永禄十年（一五六七）に信玄の娘を長子信忠の妻に迎えることによって強化される。

信長は、このように後方の脅威を除きながら、永禄七年（一五六四）になって、美濃の斎藤氏と対立する近江の浅井長政に、妹お市を嫁がせ、これと同盟を結ぶことに成功し、美濃攻略の手立てを完成した。永禄十年（一五六七）八月、美濃に侵入し、斎藤竜興《たつおき》を追い、井口《いのくち》城を占領して岐阜と改め、ここを上洛の本拠と定めた。

美濃を攻略した信長は戈《ほこ》を返して北伊勢に侵入し、楠（三重郡楠町）・高岡（鈴鹿市高岡）の両城を陥れた。翌十一年二月、再度北伊勢に侵入して神戸《かんべ》城主神戸友盛《とももり》を降し、三男信孝をその養子として跡を継がしめ、さらに南下して安濃津《あのつ》にはいり、長野藤教《ふじのり》を追い、弟信包《のぶかね》をして長野の家を継がせた。そのとき、亀山の関盛信も来降したので、北伊勢八郡はその支配に帰した。なお、神戸友盛と関盛信はともに日野蒲生定秀の女婿であり、のちにその関係から蒲生氏と行動をともにすることになる。

上洛の準備を完了した信長は、永禄十一年七月に、越前朝倉氏のもとにあった前将軍足利義昭を美濃西庄立正寺に迎え入れ、将軍上洛を大義名分として、上洛の決意を固めた。そのためには近江路を開く必要があった。信長の準備工作の一端は、次の書状にうかがうことができる。

当国に至り御座を移され、入洛の儀仰出され候の処、則ち信長供養す可き旨候。然りと雖も江州は道路叶い難きに依り、来る五日彼の国を先だち進発す可く候。先々請状の旨に任せ、此の刻おのおの忠節を抽ずる者は、神妙となすべく候。其のために惟政・公広を差し越し候。猶両三人申し入る可く候なり。（原文漢文）

八月二日　　　　　　　　　　　　　　　　　　　　　　　　　　　信長判

甲賀諸侍中

（『近江蒲生郡志』十）

これは甲賀武士にあてたものだが、同様に、その他の近江武士にも帰属を勧めたものであろう。『氏郷記』に、このとき、神戸蔵人友盛をもって日野の蒲生左兵衛大夫賢秀に味方するよう勧めさせたとあるのは、それにあたる。賢秀は義理がたい人物であったか、仰せはありがたいが、いったん佐々木に同心した以上は、みすてることはできないと答えた。

こえて五日、信長は浅井長政に会合を求め、近江佐和山に赴き、七日間にわたって上洛についての協力を求めた。長政の臣下の中には、この機会に信長の暗殺を企てる者もあったが、長政はそれを退け、同盟のよしみを重んじて快諾した。このとき、信長は越前の朝倉義景および近江観音寺の佐々木六角承禎（義賢）にも、それぞれ義昭の供奉に出張上洛すべき旨を申し送った。しかし、義景はそれを承知せず、六角承禎はかえって三好三人衆などと連絡をとり、居城観音寺城および箕作《みづくり》・和田山両城の防備を固めさせるなど、対決の気構えを示すにいたった。

九月七日、信長は尾張・美濃・伊勢などの兵を率いて岐阜を出発し、十一日には愛知《えち》川の線に野陣を張った。『氏郷記』によると、このとき、蒲生賢秀は観音寺の城中にあって、信長勢の和田山城の押えに美濃三人衆の氏家常陸入道卜全《ぼくぜん》・安藤伊賀守・稲葉伊予入道一轍《いってつ》があり、観音寺城攻めの先手に柴田修理亮勝家・池田勝三郎信輝・森三左衛門尉・坂井右近将監、箕作城の攻め手としては佐久間右衛門尉信盛・木下藤吉郎秀吉・丹羽五郎左衛門尉長秀・浅井新八らのあるをみて、まず観音寺城の攻め手を切り崩し、箕作城兵と協力して、攻撃すべきを建言した。しかし和田山・箕作両城の堅固さを過信した承禎は、その言を退けた。賢秀は、自分の策が退けられては、この城に留まっても無益である。せっかくなら居城日野にたてこもって信長と一戦を交え、切腹するにしかずとし、兵を率いて退城した。

観音寺城落城の有様は『言継卿記《ときつぐきょうき》』にいきいきとえがかれている。

九月十三日天晴れ、江州へ尾州の織田上総介入り、昨日美作《みづくり》（箕作）の城責《（攻）》め落す。同じく観音寺の城、夜半ばかりに落つと云々。自焼す云々。同長光寺の城以下十一・二城落つと云々。十四日天晴れ、六角入道紹貞（承禎）城を落つ云々。江州焼くるに委ぬ云々。後藤・長田・進藤・永原・池田・平井・九里・勢多・山岡以下七人敵に同心すと云々。京中辺土騒動なり。

箕作城の攻撃は、『信長記』に十二日「申剋《さるのこく》より夜に入り攻め落し訖《おわ》る」とあるから、午後四時ごろからわずか半日で落城したことになる。承禎は、その夜半みずから観音寺城を棄て甲賀郡に逃がれ、ついで伊賀に走ったので、戦を交えずして落城し、その他の城も相ついで開城した。六角氏のこのあっけない滅亡は、人心すでに離れ、重臣らに戦いの意欲なく、かえって裏切って信長に心を通ずる結果のもたらしたものである。こののち承禎父子は甲賀に現われ、近江にはいり、反信長の戦いをうながすことになるが、すでに強弩の末のあがきにすぎなかった。

日野に帰った蒲生賢秀は、中野城に拠って信長との一戦を覚悟し、一族・郎等を集めた。集まる者は、一家に和田・小谷・儀峨・三木・小倉・寺倉・上野田・音羽・林、紋の内には内池・町野・森・野辺・室本・葛巻、家子・郎等では外池・稲田・門屋・岡・北川・福満・岡田・満田・花木・小林・池田・竹村・中村・榎本・吉倉・安井・大森・新開・町田・新古屋・角・池内など一千余騎である。

賢秀の妹婿神戸蔵人友盛はこれを憂え、信長の了解を得て日野に赴き、無道の佐々木に同心して滅びるよりも、信長に味方し、秀郷以来代々の弓箭の家の名をあげ、その繁栄を計るべきだと説いた。

ついに説得に服した賢秀は、友盛とともに観音寺城に至り、在城中の信長に降り、所領を安堵された。

この信長による所領安堵は、蒲生氏にとって画期的な意味をもつものであった。このころ日野六万石といわれたが、その内容を知る手がかりに、元亀元年（一五七〇）に加増された「領地方目録」をみると次のとおりである。

領地方目録

一、一千石　吉田分　　一、二百五十石　栖雲分
一、八百石　安部井分　　一、三十石　交山分
一、三百石　大塚分　　一、四百石　赤坂分
一、五百石　河井分　　一、三十石　梅若太夫分
一、二百石　横山分　　一、二千石　小倉越前守分 同右近太夫分共に

已上五千五百十石

此外《このほか》市原四郷一職にこれを加う

右宛行《あてご》う所なり。全く領知相違有る可らざるの状、件の如し。

元亀元年五月十五日　　信長判

蒲生左衛門太夫殿

同　忠三郎殿

この「領地方目録」は石高で表示されているが、これは収穫高とされる。信長は永禄十一年、旧六角領に指出《さしだし》を行ない、翌年、年貢は収穫高の三分の一と定めた。これは六角氏の慣行にしたがったものといわれる。しかし、その前提として収穫高の把握が必要であり、そこに指出の意義があった。この意味で、日野六万石もまた石高の表示であると思われる。

次に「領知方目録」は、かつて六角氏の被官であったと考えられる人々の所領が一括給与されている。同じことは日野本領でも同様で、その中には一家・紋の内・家来などの所領、または寺社領も含まれていたが、それらも一括給与の形で安堵されたことは、他の例をもって推察できる。

蒲生氏は信長に所領を安堵されたとき、その地域において、一族・家臣の持っていた所領も寺社領も、すべて蒲生氏の支配権の中に置かれ、給地としての性格を強めただけでなしに、国人・地侍的な階層を封建的な主従関係の中に編成する機会を得たのである。いわば過去において蒲生上郡から中郡にかけて散在する所職・名主を基盤としたものが、日野百二十八郷に新知を加え、それを知行地として一円的に支配する体制を準備したことになる。

氏郷初陣

蒲生賢秀は信長に帰属したとき、その嫡子鶴千代を人質に出した。時に鶴千代は十三歳である。信長は鶴千代を岐阜城に伴い、間もなく元服させて蒲生忠三郎賦秀《やすひで》と名づけ、近侍に召した。忠三郎の忠は弾正忠信長の「忠」を与えられたものといわれる。

信長は鶴千代を一見したとき、その目つきに感じ、「ただ者ならず」として娘婿にする約束をした。また、鶴千代が岐阜に赴いたのち、美濃三人衆の一人として知られた稲葉一徹は、岐阜城での毎夜の軍談に、信長の近侍に侍して、深更まで眠りもやらず端座して傾聴する姿を見て、「蒲生の子は器量人だ。やがて大軍をひきいる武勇の将になるだろう」と予言したと伝えられる。『川角太閤記』に「武道第一と仕られ、世にすぐれたりはつ人」とした人柄は、幼少にして、すでに現われていたものと思われる。

その初陣は永禄十二年（一五六九）の南伊勢大河内《おおこうち》合戦で、十四歳のときである。

北伊勢八郡は、その前年、信長に帰属したが、南伊勢にはなお北畠伊勢国司家が健在であり、志摩もその勢力のもとにあった。しかし、織田側の働きかけもあり、内部には信長に応ずる者もいた。木《き》造《づくり》具政《ともまさ》・具康《ともやす》父子がその例である。

国司家では大河内本城の前面の守りとして、今徳・小森・上野・木造・八田・阿坂《あさか》・船江・曾原・岩田などに城郭を構え、与力の武将を配置していた。木造父子は伊勢国司北畠具教《とものり》の一族で、具政は戸《へ》木《き》城に、具康は木造城を守っていたが、具政の庶弟禅僧源城寺と木造家の長臣柘植《つげ》三郎左衛門尉の画策により、国司家に離反したのである。源城寺はのちに還俗して滝川姓を名乗り、滝川雄親《たけちか》の名で世に知られた武勇の士であった。木造氏の謀叛は、北畠の守備圏の中核が破れたことであり、ここに大河内合戦の契機があった。

伊勢平定の機会とみた信長は、八月二十日に岐阜を出陣した。その総数は十万とも（『朝山日乗書翰』）、八万（『多聞院日記』）ともいわれる。その日は桑名に宿陣し、二十三日に木造に着き、脇城には目もくれず、二十六日に阿坂城を攻め、二十八日には大河内城の周辺に着いて攻め口を定めた。

信長は、馬廻《うままわり》・小姓・弓鉄砲衆を率いて大河内城の東の山に陣をすえ、東・西・南・北に諸将を配置して包囲態勢をとった。このとき、氏郷（賦秀を便宜上、以下氏郷とよぶ）は父蒲生右兵衛大輔賢秀とともに南の山織田上野介信包・滝川左近一益《かずます》の陣に属していた。

九月八日の夜、西方の軍がまず攻撃を開始した。しかし勝敗は決しなかった。九日、信長の

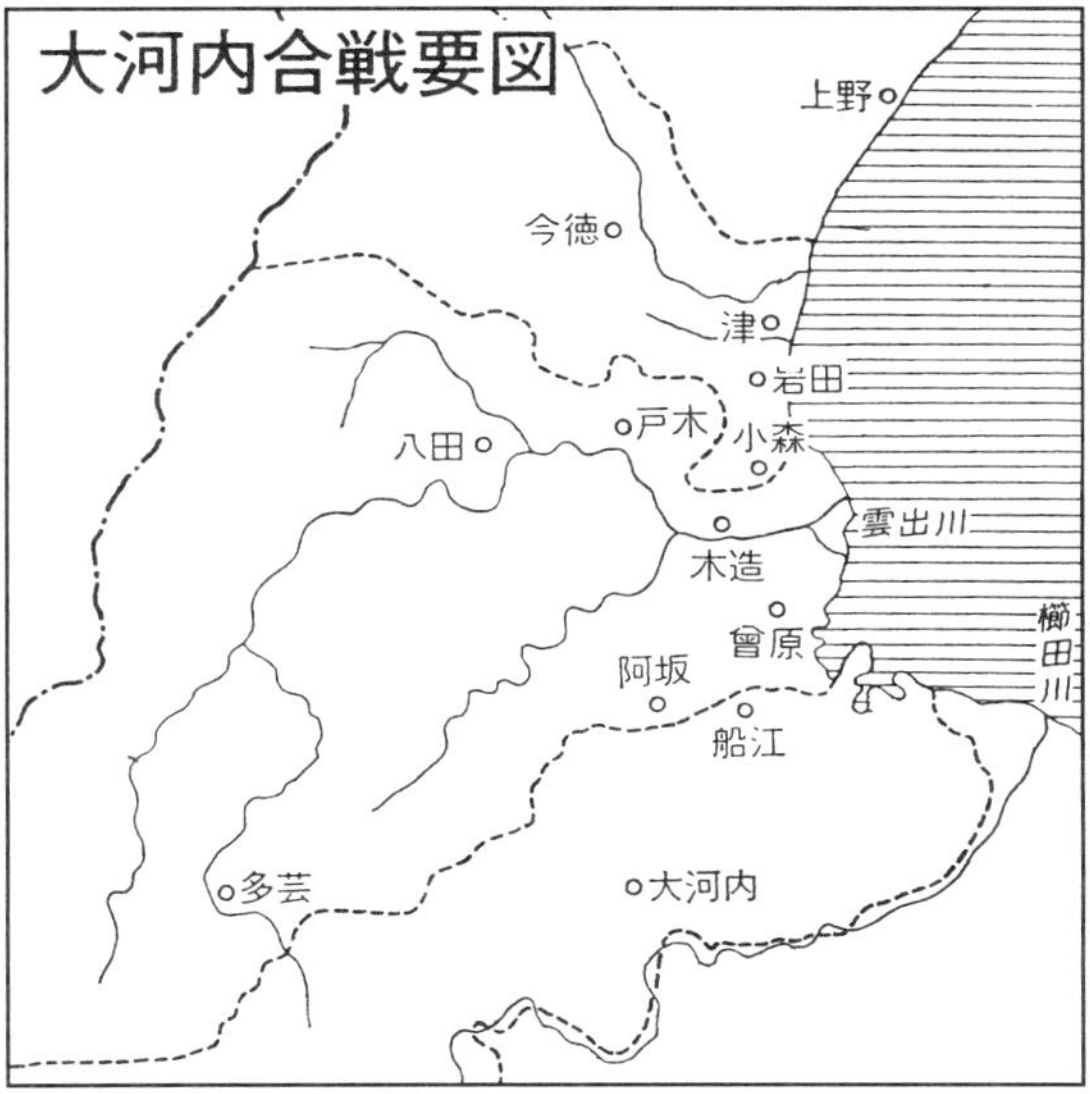

大河内合戦要図

命をうけた滝川一益は、多芸谷《たげ》の国司館を焼き、作毛《さくげ》を刈り荒らし、焼き払って飢餓戦術に出た。そのため城中の食糧も尽きたので、具教は和を請い、信長の二男信雄を養子として家督をゆずる条件で降り、十月四日に開城した。

伊勢を平定した信長は、大河内城に信雄を置き、上野《うえの》に織田信包、安濃津・渋見・木造に滝川一益を配し、ついで伊勢をたち、千草峠を越えて十月十一日に帰洛した。

しかし、国司家は降伏しても、残された脇城を守る将士の中には、なお抵抗を続ける者があったので、十二月になって信長は織田掃部助《かもんのすけ》に命じ、南方の諸城攻撃を命じている。『氏郷記』に、蒲生父子が織田掃部助そのほか一万余騎の中にあって、奥山常陸介の守る今徳の敵城を攻撃したとあるのは、このときのことであろう。

この戦いに、賢秀は初陣の氏郷に歴戦の剛の者結解《けつけ》十郎兵衛・種村伝左衛門の二人を介添につけた。乱戦の中で賢秀が士卒を下知し馳せまわっているときに、二人の介添は氏郷を見失ってしまった。驚きあわてた賢秀が、探しまわっているところに、当の氏郷が敵の首を討ち取ってあらわれた。うれし泣きに泣いた賢秀は結解・種村を、「頼もしゆう思いて付たりしにその甲斐もなく見失ふこと、もっての外の不覚なり。たとへ氏郷討たるると云へども、汝等つき副ひ一所にて討死せんこそ本意ならめ」と、しかった。結解は、「それがし若年のころよりも合戦にあうごとに、人に先をばせられじとこそ存ぜしに、若武者の忠三郎殿に越され参らせ候こと面目なうこそ候へ。英傑の勇士になり給わん」と、面目なげにも、氏郷の初陣の功名を誉めたたえた。

武将として成長したのちに、それをたたえる一挿話《そうわ》であろうが、このときに初陣の功名をあらわしたことは事実であろう。その首を見参に進めたとき、信長はその働きを賞し、みずから打鮑《うちあわび》（鮑）を褒美に与えたといわれる。

帰陣ののちか、この年の冬に、かねての約束どおり信長は、その姫と氏郷の祝言を岐阜城であげさせ、二人を日野城に帰した。この姫は氏郷と二つちがいの十二歳であったが、織田家の血を引く佳人であったようである。後年氏郷が死去し、未亡人になったとき、好色の秀吉に召されたが、それを拒否し、尼となって貞節を守った人物である。

明けて元亀元年（一五七〇）になると、今度は近江をめぐって戦雲がただよいはじめた。氏郷は席のあたたまる暇も無く戦陣にかり出されることになる。それは信長の越前朝倉攻めをめぐって、江北の浅井長政が信長に離反し、六角氏と結び、さらには遠く四国に退いた三好の党と通謀しながら、後方を攪乱し、信長の挟撃作戦を計ったためである。

さきに信長は江北の浅井長政と結び、美濃平定と上洛の志望を果たしたが、その浅井氏と同盟を結ぶ越前朝倉義景は、信長の再三にわたる上洛の勧誘にも応ぜず、信長への反感を強めたばかりでなく、越前にあった織田の属城金ヶ崎《かなさき》・手筒山《てづつやま》二城を攻略した。

これに怒った信長は、美濃より京への通路を側面からおびやかす勢力の除去を志す意味もあって、越前征伐を決意し、四月二十日、兵を率いて京をたち、近江坂本で、かねて援軍を約束していた徳川家康勢と落ち合い、若狭路を経て敦賀に向かった。その先がけは柴田勝家で、手勢六百余騎を率い、その与力として蒲生父子は一千余騎をもって参陣していた。それに他の江州勢などを合わせると、柴田勢は五千余騎になったといわれている。

二十五日、敦賀に着いた信長は、まず手筒山城の攻撃を命じ、一気に攻め落とそうとはかったが、屈強《くっきょう》な城兵の抵抗にあって、容易に攻め落とすことができなかったので、柴田勝家・木下藤吉郎・池田勝三郎らの新手を入れ替え、強攻させた。

蒲生賢秀は骨肉を惜しまず戦わなくては、いつ手柄をたてる好機がくるかわからないので、部下を励まし戦っているとき、黒糸威《くろいとおどし》の鎧着た武者一人、大長刀を水車のようにふりまわしながら切ってかかった。賢秀は十文字槍をふるって馳せ向かったが、かけ倒されてすでに危く見えたところに、氏郷が馳せつけ敵を倒し、武者首をとった。

氏郷はそのままにして城の塀を乗り越え、また、名ある者の首をとった。蒲生の内の者で名の聞こえた種村伝左衛門・結解勘助・岡左内・蒲生主計介《かずえのすけ》・森民部丞《みんぶのじょう》・門屋《かどや》助右衛門・寺村半左衛門・結解十郎兵衛・新開《しんがい》半右衛門なども馳せつけ、いずれも功名手柄をあらわし、のちに信長の御感にあずかった。

突破口が開かれると、寄手はわれ先に討ち入ったので、城兵はこらえきれず、ある者は落ち逃がれ、ある者は踏み止まり、引組んでは討たれ、刺しちがえて死するもあり、ついに落城した。

信長はさらに金ヶ崎城を攻め、守将朝倉中務大輔を降し、越前に向かって木目峠を越えるところに、浅井長政離反、六角氏と結んで兵を起こすの早馬に接した。『言継卿記』元亀元年四月二十九日条には、そのときの状況を次のように記している。

二十九日丙寅、天晴れ

一、江州へ六角（承禎）出張す云々、方々に放火す云々、北部浅井と申合せ、信長に別心せしむ云々、仍ち越前・濃州等への通路これ無し云々、但し越州よりは若州西路往還す云々。（原文漢文）

信長にとって浅井長政の離反は、「彼等儀、近年別して家来に令《したご》うの条、深重に隔心なく候き。不慮の趣、是非なき題目に候」（「毛利家文書」）とあるように、まことに意外であり、それだけに長政への憎しみも深められた。退路の多くはすでに絶たれていたので、急ぎ若狭路より朽木《くつき》谷を通り三十日に京都に帰った。

浅井長政の離反の原因は、恩義ある同盟者朝倉氏への交情にもよるが、また信長が朝倉氏を自分勝手に攻撃しない。もし攻めるときは長政の指図に従うとの過去の盟約（『浅井三代記』）を破ったことにもよるであろう。信長に追われ、甲賀に隠れていた六角承禎・義治（義弼）父子は、この好機をとらえ、仇敵浅井長政と結び再興を志したのである。

六角氏は近江に散在する旧臣の残党を集め、各地で一揆を起こした。五月六日には、江州路次の警固のため守山に置かれた稲葉伊予らの守備兵が一揆に襲われている。五月九日、信長は岐阜にいったん帰るため京都をたった。志賀・瀬田の山岡を経て十三日、永原城（野洲郡野洲町）に着いたころには、浅井長政の兵が鯰江《なまずえ》の城（愛知郡愛東町）にはいって北部の道をふさぎ、西方の千草越の通路は、市原（蒲生郡北部）一揆に閉ざされ通過するに困難であった。信長はこの難局にそなえ、志賀・宇佐山両城に森三左衛門、永原に佐久間右衛門、長光寺（蒲生郡内）に柴田修理亮、安土に中河八郎右衛門、長浜には木下藤吉郎を置いて近江を守らせるとともに、幕下に属した近江武士の本領を安堵し、また加増して懐柔した。蒲生賢秀・氏郷父子が五千五百十石と市原四郷一職を加えられたのは、このときである。

　市原四郷が加えられたのは、市原一揆の鎮圧を

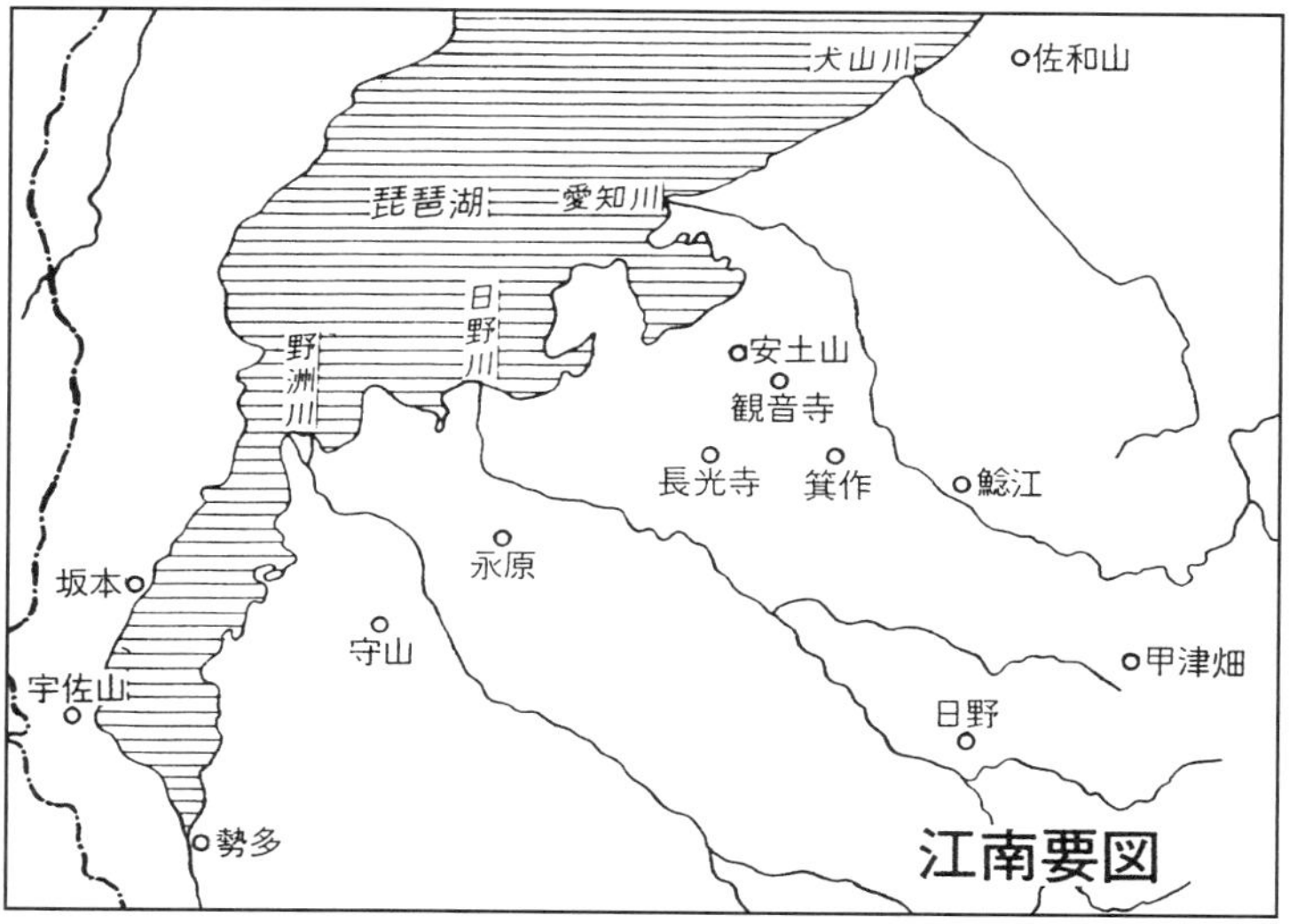

江南要図

期待したものであろうか、賢秀は千草越の沿道に拠る布施藤九郎父子、および甲津畑《こうづはた》の速水勘解由《かげゆ》左衛門を説き、市原一揆を鎮めたので、千草越の道は開けた。

信長は義理深い賢秀の志に感じながら、十九日に千草道を越えた。その途中の山道でとつぜん鉄砲で狙撃されたが、十二、三間の距離であったにもかかわらず、弾《たま》は身をかすったとも、着物の両袖にあたったとも（『信長記』）または笠の柄《え》を打ち折った（『言継卿記』）ともいわれているが、いずれにしても無事で、伊勢を経て二十一日岐阜に帰った。

狙撃したのは近江杉谷の善住坊といい、六角承禎の頼みで襲ったといわれる。善住坊はのち天正元年、近江高島に隠れているのを発見され、その九月十日岐阜で処刑されている。

このころ、蒲生氏は柴田勝家の与力であったようで、「蒲生父子柴田与力に付けられ、出陣の時は勝家の先手をせられ、毎度の手柄を尽されしが、勝家越前国拝領せられし後は独立にて候ける」（『氏郷記』）とあることからわかる。それゆえ、六月四日、浅井長政と呼応した六角承禎父子が伊賀・甲賀の一揆を催し、野洲川表に進出したのを柴田勝家と佐久間右衛門とで打ち破った戦いにも、参陣したものと思われる。

また、近江路の打開をはかった信長は、六月二十一日に浅井氏の居城小谷を攻めた。それを契機として起こった姉川の戦いに、柴田勝家は本軍の第四隊として三千余人を率い参戦している。織田・徳川連合軍約三万と浅井・朝倉勢一万八千余の激突の中に、蒲生父子の名は見出すことができないが、柴田の陣中にいたことも考えられる。

戦いの明け暮れ

近江をめぐる戦いの明け暮れの中で、蒲生氏は公私ともに多事であった。

北伊勢神戸城主神戸蔵人友盛と亀山城主関盛信の妻はともに蒲生定秀の娘で、賢秀には妹婿であって、今は信長に属していた。

友盛は男子がなかったので、関盛信の一子勝蔵を養子に定めていたが、永禄十一年に友盛は信長に降り、その条件として信長の三男信孝を養子にした。しかし、押付け養子の信孝に、神戸・関ともに釈然としないものがあった。元亀二年（一五七一）正月、友盛夫妻が日野に祝儀にきたのを、信長はそのまま蒲生賢秀に預け、隠居を命じた。元亀四年（天正元年、一五七三）春、今度は関盛信の亀山城を奪い、これもまた蒲生預けにした。理由は両人が信孝に対して粗略であるとしているが、友盛の隠居後、神戸領に検地を入れ、譜代の領知を減じて尾張侍に給したため、百二十人が浪人したことや、盛信の亀山を奪って信孝に与えたことからすれば、旧勢力を除去して信孝の支配力を強め、勢力圏の安定を計る意図にでたことがうかがわれる。処置の方法は異なるにしても、のちに伊勢国司家の滅亡を計る手口と共通するものがある。

そうした間にも、信長をめぐる危機は一層拡大された形で深まり、戦雲をはらんでいた。元亀元年、姉川の戦いで打撃をうけた浅井・朝倉勢はようやく態勢を整え、遠く阿波にあって京都の回復をめざす三好三人衆と結び、大坂の本願寺顕如もまたこれを支援して、東西より信長を挟撃する策をとり、甲斐の武田信玄にも通じて背後をつかせる態度にでた。本願寺が反信長に転じたのは、朝倉義景と姻戚関係にあるばかりでなく、永禄十一年に信長が上洛したとき、矢銭《やぜに》五千貫を賦課したほかに、要害の地石山の引渡しを要求したことに感情を悪化させたのである。

信長が江北で浅井・朝倉氏と兵を構えているとき、阿波の三好三人衆は海を渡って摂津天満森に陣をはり、野田・福島に砦を築き、本願寺またこれを援助した。信長は八月二十六日、兵を率いて天王寺に着き、転戦している間に、浅井・朝倉勢は進出して叡山に拠り、京都侵入の様子をみせたので、急ぎ兵を返して坂本にはいり、浅井・朝倉連合軍を下坂本に破った。ついで、それを入れた山門に対しては中立を守るか、または協力するかを要求したが、拒絶されたため、山を包囲し、一山を焼き払うと宣言した。

事態の急を知った将軍義昭は、正親町《おおぎまち》天皇の勅旨を願い、両者の講和を進めたため、結局十二月十三日に和議が成立し、両軍とも陣を引いた。

しかし、浅井・朝倉氏と本願寺の連繋により、このころから各地で一向一揆が起こり、あるいは浅井氏と組み、あるいは六角氏の策謀によって集結し、信長に反抗した。近江の一向一揆では元亀元年

の十一月十六日に、「惣国一揆掟之事」を定め、活動をはじめた。そのおもな条項は、
一、他国から当国にはいる者があれば、惣国一味同心して防ぐこと。
一、要所から注進があり、合図の鐘がなったら時をうつさず兵糧・弓楯を持って集合する。
一、十七以上、五十以下の者は在陣すること。
一、惣国の諸侍の被官は、主と共にする請文を里々で置くこと。
一、他国より城攻めする時、足軽にしても城主に忠節を尽くすならば侍にとりたてること。
一、他国の人数を引き入れる者は、惣国であらかじめ明らかにして、その名跡をけずり、寺社に届け置くこと。内通する者も同前のこと。

など十一ヵ条にわたるもので、あきらかに尾張武士信長を排し、近江武士を授ける主旨を明らかにしたものである。

元亀二年五月六日の江北十ヵ寺による坂田郡箕浦一揆、そのころ、佐々木義治による江南の神崎郡垣見一揆、九月に起こった門徒坊主と六角旧臣の結合した野洲郡金ヶ森城一揆など、元亀二年（一五七一）から三年（一五七二）にかけて一向一揆が蜂起している。蒲生氏の本拠日野牧五ヵ寺も一揆に加わり、六角氏に通じたが、これらに対する蒲生氏の行動は明白でない。

信長は武将に一揆の鎮圧を命じつつ、みずからは、元亀三年の春ころより、しきりに小谷城に重圧を加えた。たまりかねた浅井長政は朝倉義景に救援を求めたので、義景は八月に二万余の兵を率いて

近江にはいり、信長勢と対峙した。信長はあえて決戦をせず、やがて陣を引いた。このころ、甲斐の武田信玄が上洛の途中にあり、信長の背後を浅井・朝倉両氏に襲わせる信長の策戦を察知したことによるものであろう。

それとともに、京都における将軍義昭の策謀をひかえていたこともあった。足利幕府の支配体制の復活をめざす義昭と、義昭を奉ずるのは上洛のための手段であり、実際的な政権担当者と意識する信長との関係が悪化するのは、時間の問題であり、すでに元亀元年のころから不和は始まっている。そして、信長包囲策戦の裏方が義昭であることの明白になった天正元年（一五七三）に、信長は義昭追放の決意を固めた。三月二十六日、入洛して洛外の民家に放火し、対決の気構えを示したので、その形勢に恐れをなした義昭は、信長と和議を結んだ。

そのころ、佐々木義治は愛知郡鯰江城において反旗をひるがえしたので、信長は四月七日に守山に陣どり、佐久間右衛門信盛・蒲生賢秀・丹羽五郎左衛門尉長秀・柴田修理亮勝家をして鯰江城を攻撃せしめ、城中の一揆に加わった百済寺《くだらじ》を一山ことごとく焼亡させた。

信長の近江在陣中に、義昭はふたたび離反を企て、二条城には留守を置いて、みずからは宇治真木《まき》島《しま》（槇島）に拠った。七月十六日、信長は大兵をもって宇治川に進み、一隊は平等院の東北を、一隊は川下五ヶ庄前川を西向きに渡河を命じた。蒲生賢秀・氏郷父子は、佐久間右衛門・柴田修理亮・羽柴筑前守秀吉・明智十兵衛光秀らと共に五ヶ庄前川を渡り、両隊合して真木島を攻めた。この戦いに蒲生父子は殊功をあらわし、賢秀は長光《ながみつ》の大刀を、忠三郎氏郷は羽織を賞与された。敗れた義昭は降って河内国若江に送られ、ここに足利幕府は滅びた。

これより先、四月に武田信玄は病死し、今また義昭のほうも解決するにおよんで、信長は、いよいよ近江経略に着手した、八月八日の夜、岐阜をたち、十日には浅井氏の拠る小谷城の北、山田山に陣を布き、朝倉勢の救援路を断った。義景は二万の兵をもって田上山（木の本）に陣し、先鋒を田部山に進め、大嶽《おおずく》・丁野・賤ヶ嶽の守備をかためた。戦いはまずその守備線から始まり、十二日夜には大嶽、翌日は丁野の守備も破れた。信長はそれを追撃して越前刀根山《とねやま》に進み、ついで敦賀にはいった。氏郷は大嶽より刀根山の戦いに大の男と引き組み、その首を取り、家中の者もそれぞれ敵の首を取って手柄をたてた。

窮した朝倉義景は、ついに自殺し果て、ここに朝倉氏は滅んだ。ついで二十六日に信長は小谷城を攻め、二十八日には、それを落し浅井長政を自害させたので、ここに近江は平定された。

近江は統一されても、一向一揆との戦いはまだ残されていた。中でも伊勢長島の一揆はもっとも頑強で、元亀元年（一五七〇）、本願寺顕如の檄に応じて蜂起して以来、二度にわたって信長の討伐をうけたが、いっこうに屈しなかった。天正二年（一五七四）、討伐を決意した信長は、海上には浦々の舟を集めて包囲し、市腋《いちえ》口・早尾《はやお》口（以上尾張海部郡）・香取《かとり》口・桑名口（以上伊勢桑名郡）より侵入した。

蒲生父子は香取口攻めの柴田勝家の与力として参戦した。氏郷は一番乗りに松木の渡しを越え、大鳥居城を攻め、敵中に馳せ入り、剛の者と組んで首を取り、信長に捧げた。『勢州軍記』には、このとき信長は「首を取るのは士卒のことだ。お前は敵を討つ危険を知らないでは高名といえない」とたしなめたと伝えている。このころ十八歳になっていた氏郷には、まだ血気の勇にはしるところがあり、それをたしなめたものであろう。またそれだけ勇敢であったので、部下も奮戦し、おのおの功名をあらわしたが、手負・討死も多かったといわれる。外池長吉は氏郷と同じ十八歳で、主人に付き添って戦い、「父先年此所にて討死す。今度此の陣にて一番に掛《か》け入り、首取りて父の孝養にせん」とてよき首を取った。家子《いえのこ》杉山外記進《げきのしん》という大力の剛の者は、逃げる敵舟を流れにとび込み引き留めた。布施次郎右衛門はその舟にとび乗り、敵を組み伏せた。そばにいた敵は布施の首筋を刺したが、布施はそれに屈せず、敵首を取って帰った。杉山は甲《かぶと》の鉢も割れよとたたかれても舟をはなさず、川岸に二・三間引き寄せたところを、鉄砲で左手の指付きを打ち抜かれ、力およばすしてはなした。そこには、兵の勇戦ばかりでなく、輪中《わじゅう》という水路にかこまれた地形の中にたて籠り、信仰で結びついた長島一揆討伐の困難さがうかがわれ、またそれだけに苛烈な戦いの展開されたことがわかる。

八月になると一揆の中には糧道をたたれたために餓死する者も多く、抵抗力も弱められた。九月二十九日、信長は中江・屋長島両城に籠る一揆を焼き討ちにして全滅させ、一揆退治を終わった。

明けて天正四年（一五七六）五月、信長は大軍を率い、徳川家康と連合して、武田勝頼と長篠に対決した。五月十八日、設楽原《しだら》（三河、南設楽郡）の西に着くと、それぞれ守備位置を定めた。西の高地極楽寺山に信長、天神山には織田信忠、御堂山に北畠信雄が兵を率いて拠り、茶磨山には佐久間信盛・池田信輝・丹羽長秀・滝川一益が位置をしめ、蒲生氏郷は羽柴秀吉・森長可《ながよし》・水野信元・安藤範俊・不破光治らその他大和・河内・和泉・摂津・若狭の兵をまじえ、それら高地の東方に陣した。徳川勢もまた弾正山・松尾山およびその東北に布陣した。しかし、戦いは二十一日に決し、織田・徳川連合軍は大勝を得たが、氏郷の働きについては知るところがない。

伊賀の戦い

戦いは北に西になおも続いた。信長が長島の一向一揆を討伐しているころ、北の越前でも一揆が蜂起し、信長の支配を喜ばず、ついには一乗谷を守った前波長俊を攻め殺し、一揆持ちの国といわるべき状態を示した。

武田勝頼を長篠に破った信長は、その平定を決意し、天正三年八月、兵を出してそれを討ち、越前一揆を援助した加賀一揆を追って能美・江沼二郡を手中に収め、ついで越前の大部分を柴田勝家に与え、北の庄に居らしめ、北国の鎮将とした。

かくて越前・若狭・近江・美濃・尾張・伊勢を手中に収めた信長は、畿内と結ぶ支配体制を確立するには、岐阜が東に偏在し、城も手狭なため、近江に移ることとし、天正四年（一五七六）、安土城を築いた。このときから蒲生賢秀は「義深き侍なれば事過つまじき者として、毎度の御出陣に安土の留守居」を命ぜられたので、氏郷は、はじめて一人立ちの武将になった。

しかし、畿内とてもまだ安定したわけではなかった。長島や越前の一向一揆の鎮圧によって打撃をうけたにせよ、本願寺はいまだ健在であり、畿内の反信長勢力と連繫しながら抵抗を続け、さらには遠く中国の毛利氏に救援をもとめた。天正五年（一五七七）にはじまる羽柴秀吉の中国征伐は、本願寺への補給路を絶つ意味も含まれていたのである。

天正三年（一五七五）、信長はふたたび兵を起こして本願寺を石山に包囲した。そのときから天正八年（一五八二）の石山開城までに、出撃数が十三回にのぼるのは、この戦いの困難さをしめしている。

天正六年十月、信長の部将荒木村重は摂津伊丹《いたみ》城に拠って謀叛を企てた。その背後には本願寺と結ぶ毛利の策謀がみられる。それを知った信長は摂津に出動し、伊丹城包囲の態勢を定めた。このとき、氏郷は惟住《これずみ》（丹羽）五郎左衛門長秀・蜂屋兵庫助頼隆とともに、貝野郷道より山手に陣どり、十二月には塚口の攻め口にまわり、翌七年（一五七九）の四月には、攻め口に堀・塀・柵をめぐらすことが命ぜられ、包囲・持久策戦のさなかにあった。

荒木村重は九月になって伊丹城を棄てて逃がれ、この事件も解決するが、この間に織田信雄による伊賀征伐も行なわれている。

伊賀国の守護は仁木《にき》氏であった。応永のころ将軍義満はその南部を伊勢国司北畠氏に与えたといわれるが、『関岡家始末』の説くところでは、関岡氏は伊賀の南部に勢力を有し、南北朝のころからすでに北畠氏の与力であった。同じく北畠領につながる大和宇陀《うだ》三家の沢・秋山・芳野もまた北畠の与力であったので、宇陀・伊賀・伊勢と結ぶ線に、長く南朝勢力のあったことも、このことからうなずける。

室町期になると関岡家は北の服部党と伊賀の勢力を二分したと伝えるが、永正七年（一五一〇）には滅んだ。しかしなお名張・伊賀の二郡の諸侍のなかには、伝統的な北畠氏との結びつきを維持した者もあったようである。

そののちの伊賀の状況について、『勢州軍記』にはつぎのように語っている。

> 仁木伊賀守滅亡の後、伊賀国四郡の諸侍六十六人一味同心して諸城を守り、治国・立法万端平楽《へいらく》寺《じ》に参会して談合評定し、誓紙をもって一決す。

平楽寺は伊賀上野（上野市）にあったといわれる。仁木氏の衰えるのは永正のころとされるから、その後大名の成長は見られず、天険によって割拠した伊賀国衆持ちの形勢がうかがわれる。

織田信雄は北畠氏を継ぎ、ついで天正四年に北畠具教《とものり》を生害し、北畠の勢力を掌握したが、伊賀衆はいまだ従わなかった。天正七年九月、信雄は名張の住人下山甲斐守の誘引により、北は場の尾口、南は名張口より兵を入れ、伊賀征服を志した。待ちもうけた伊賀衆は天険の要害により防ぎ戦ったので、信雄は目的を果たさず、撤退した。場の尾口の殿《しんが》りをうけもった柘植三郎左衛門は、馬も通れぬ山路を酒に酔いしれ歩行で退却するとき、伊賀衆に追尾され、ついに討たれた。

信長はこれを聞き、次の折檻状を送った。

今度伊賀堺越度《おちど》取り候旨、誠に天道もおそろしく、日月未だ地に墜ちず、其の子細は上《かみ》がたへ出勢候へば、其国の武士、あるいは民百姓難儀に候条、所詮国の内にて申事候へば、他国の陣相遁るるに依り、此の儀尤と同心せしむ。ありありしく云えば若気故、実と思い此の如くに候か、さてさて無念至極に候。此地へ出勢は第一天下のため、父への奉公、兄城介（信忠）大切に、且は其方彼是現在未来のために働かるべく、剰《あまつさ》え三郎左衛門を始め討死の儀、言語道断の曲事の次第に候。実に其覚悟においては親子の旧離許容すべからず候。猶を夫者申す可く候也。

九月廿二日　　　　　　　　　　　　　　信長

北畠中将殿

『勢州軍記』は、この信長の叱責をつぎのように解釈している。

それ治国の大要は先ず大敵を攻め、小敵を囲むことなかれ。大敵属すれば則ち小敵は自ずから靡《な》びく。また大敵を恐るべからず、小敵を欺くべからず。殊に伊州（伊賀）は嶮難の地なり、力をもって攻むべからず。専ら道徳を用ゆれば則ち攻めずしてこれを執るべし。信雄若気により此の如し云々。

表現は相互に異なるが、信長にとっては、隔離した伊賀を討って時日を過ごすより、この段階では畿内中原の制覇こそ緊急の問題であったのである。それゆえに、信雄が天下の大勢にうとく、人に欺かれて軍力をそぎ、民力を失うことが我慢できなかったのである。勘当も辞さないという怒りの声が聞こえるようである。

信長は、伊賀討伐を無視したわけではなかった。天正九年（一五八一）になると伊賀を討った。この年、伊賀の住人福地某が帰服し、伊賀討伐を勧めたことによるとされているが、信長としては、本願寺との対決も解決した時期において、支配圏の中の島として残された伊賀を平定すべき時期を見きわめていたにちがいない。信長は伊賀侵入路を甲賀口・信楽《しがらき》口・加太《かぶと》口・大和口と定め、それに諸将を配置し、九月三日を期して進発させた。

蒲生氏郷は、甲賀衆・滝川左近・惟住五郎左衛門・京極小法師・多賀新左衛門・山崎源太左衛門・阿閉《あべ》淡路守・阿閉孫五郎・織田三介信雄らとともに甲賀口に道をとり、六日には壬生野《みぶの》・佐那具《さなぐ》（阿山郡内）の地で信楽口よりの攻め手と合流し、十一日には戦わずして退散した敵城佐那具にはいった。

佐那具に入城後、信雄はそこに留まり、他は阿加・山田・名張・阿閉の四郡に手分けして掃討戦がはじまった。名張郡に向かった軍勢の中には、氏郷にかわって賢秀の名が見えるので（『信長公記』）、賢秀も参陣したのであろうか。名張郡に向かった軍勢は、小波多《こばた》・東田原・西田原・吉原などの拠点を破り、伊賀衆を討ち取り、城を破却した。他の三郡も同様で、地の利を頼む伊賀衆も織田の大軍と装備の前には屈服せざるをえなかった。

『勢州軍記』では、このとき氏郷の土山城攻撃のことを記しているが、これは翌十年冬から十一年の正月にかけて起こった事件と混同したものである。天正四年の暮、北畠具教が討たれたとき、奈良にいたその弟東門院は憤激して還俗し、具親と称して南伊勢に兵を挙げた。しかし信雄に討たれて中国に逃がれたが、信長の死後の混乱に時を得たとして南伊勢に潜入し、譜代の旧臣を集めて篠山城に兵を挙げた。しかし信雄に攻められて篠山城を捨て、伊賀にはいって一揆を起こしたとき、氏郷は、それに一味する岸口大炊助《おおいのすけ》の拠る土山城を攻め、これを陥れた戦いがそれである（『蒲生家系図由緒書』『勢州兵乱之記』）。

伊賀平定の報に接した信長は、十月十日、伊賀にはいり、国中を巡視して十三日に安土へ帰った。かれの満悦のさまが想像される。

天正十年の正月は平和で、元日には惣見寺を一門および諸大名に公開し、十五日には馬くらべを行ない、氏郷らの江州衆は信長に命ぜられて、南北にわかれ、爆竹を揚げて景気をつけた。

それもつかのまの平和であって、二月になると、信忠に甲州出動が命ぜられ、三月十一日、武田勝頼は天目山に滅びた。信長は甲州・信州仕置のため三月五日安土をたち、三月十九日には信州上諏訪法花寺に陣をとった。その陣中に蒲生氏郷は供奉しているので、先手として甲州陣に働くことはなかったようである。

時に氏郷二十七歳。元亀二年（一五七一）に大河内合戦の初陣以来十四年間、信長のもとで歴戦の経験をつみ、立派な武将として成長してきたのである。文禄二年（一五九三）九月十八日に美濃大垣城主伊藤祐盛《すけもり》に与えた書状に、みずからの武道修練の心構えを説いている。

（前略）儒道・歌道・茶の湯ばかり心を入れて日を送り候ところ、そのころ弓矢修業（仕る）斎藤内蔵助と申す者いう様は、家職に心を入れられよと参会の度ごとに諫められ候えども、若輩ゆえさのみ耳にも留めず打ち過ぎ候。しかる処に信長公江州観音寺え御出馬、先手は伊賀衆、二番濃州・江州寄合い合戦、その中に我等も打向いなされ候処、斎藤内蔵助拙者備《そなえ》へただ一騎来りて、伊賀衆今日先手なるか、軍立《いくさだち》、足軽の遣い様しどろに見え候。城中より人数を出し押し懸る程ならば、先手敗軍たるべし。その方備を西の山竹籔に隠し置きて、先手崩るるならば通《（返）》し過し、敵陣の真中へ横入れにかけ入り給わば、必ず勝利たるべし。若し恙《つつが》なく引取らば、その時は伊賀衆に乗り向い、今朝よりの御働き御草臥《くたびれ》たるべし我等入替り跡をばくろめ申すべしと断《ことわ》り給いて、殿《しんがり》し給うならば、これもって高名たるべし。両条相違あるまじと申す間、その意にまかせ、西の山もと竹籔の中へ人数を入れて相待ち候処、案のごとく伊賀衆深入りして、観音寺の足軽に押立てられ、敗軍つかまつり候間、横入に懸り候条、敵また敗軍、十四町追打ち、三十人の首を打取り候て信長公御目に懸け候。若輩なるが神妙の働とて御感なされ、二字国俊の御腰物拝領つか

まつる。（『史籍集覧』十四・『近江蒲生郡志』三）

観音寺合戦の時期は確認できないが、文事に精を入れた氏郷は、実戦を通じて「家職」としての武将の道を自覚し、武の道への精進に努めた経過を物語っている。それが、戦いに明け暮れる中でさらに磨かれ、こののちに雄飛する素地をつくりあげていたのである。

本能寺の変

天正十年（一五八二）五月二十九日、織田信長は中国征伐に発向のため安土をたって京都に向かった。そのとき信長は安土城本丸の留守に津田源十郎・賀藤兵庫頭《ひょうごのかみ》・野々村久右衛門・遠山新九郎・世木彌左衛門・市橋源八・櫛田忠兵衛らを命じ、二の丸番には蒲生賢秀をはじめ、木村次郎左衛門・雲林院出羽守・鳴海助右衛門・祖父江《そぶえ》五郎左衛門・佐久間与六郎、箕浦《みのうら》次郎右衛門・福守・千福遠江守・松本為足・丸毛兵庫頭・鵜飼《うかい》・前波弥五郎・山岡対馬守らを残した。

このとき、氏郷は日野に在城していたようである。賢秀については「ことの外世間うとく」（『川角太閤記』）、「頑愚《がんぐ》にして、天性臆病の人なり」とし、俗間では「日野の蒲生殿は陣とさへいへば下風おこる（「へをこきやる」ともある）」（『老人雑話』）など尾籠《びろう》な小歌がうたわれたともいわれる。それも頑固なぐらい義理堅かったことによるものか、信長はそれを買っていたようである。その義理堅さは、本能寺の変後の態度によく発揮されている。

京都に着いた信長は、その日と六月一日を本能寺で過ごした。そのころ、丹波亀山城に帰っていた明智光秀は、六月二日の払暁、中国に向かうべき鋒先を京都に向け、本能寺を急襲し、ついで二条城を攻め、信長・信忠親子を生害せしめた。

その悲報が安土に着いたのは巳の刻といわれるから、今の時間にすれば午前十時ごろになる。悲報に接すると城中・城外ともに一瞬虚脱状態に落ち入った。それからさめたとき、にわかに戦火波及の恐怖におそわれ、動揺の渦が巻き起こった。城の留守居の者の中にも、身の安全をはかるため、家を棄て、または焼き、妻子をともなって急ぎ帰国するもあり、混乱をきわめた（『信長公記』）。

その中でただひとり賢秀は、安土に踏みとどまって城を守り、明智勢を迎えて一戦を交え、信長の日頃の恩に報いる決意を固めていた。しかし、家臣外池新介の勧めもあって志をかえ、安土に残っている信長の家族を日野に迎え、そこに籠城して保護することとし、その旨を氏郷に伝えた。日野にいた氏郷はその連絡をうけると、急ぎ乗物五十丁・鞍つき馬百匹・伝馬二百匹をつれ、腰越まで馳せつけ、賢秀の一行を迎え、三日に無事日野に引取ることができた。そのありさまは『信長公記』につぎのように書かれている。

御上臈《じょうろう》衆仰せらるるよう、とても安土打捨てのかせられ候間、御天守にこれある金銀・太刀・刀を取り、火をかけ罷《まか》り退き候へと仰せられ候ところ、蒲生右兵衛大輔希代無欲の存分あり。信長公年来御心を尽され、金銀を鏤《ちりば》め天下無双の御屋形を作る。蒲生覚悟として焼払ひ、空《むなし》く赤土となるべきこと、冥加なき次第なり。その上金銀・御名物乱取り致すべきこと、都鄙の嘲哢も如何候なり。

このなかには、天下布武の事業の中途でたおれた主に対する哀惜の念と、「希代の無欲」とされる律義《りちぎ》さがよくあらわれている。

明智光秀は五日に安土に入城した。イエズス会のパードレ（神父）であるルイス・フロイスは、当時安土にいたパードレ・オルガンチノの報告にもとづき、その様子をつぎのように伝えている。「信長の官庁と城を占拠し、城の最も高い所に登って、信長が金銀及び各種貴重品を満したと言われる蔵を開いた。此所には日本中の善いものが皆集めてあったが、これを十分に部下に分った。信長が十五年乃至二十年の大なる骨折と戦争とに依って得たものを、二、三日の間に貴族達には身分に応じて分配し、低い者には己の意に従って黄金を分ち与えた。高貴な人達には各金一両一千、すなわち七千クルサド（天正ごろでは金一枚十両が四十三クルサドにあたる）を与えた。この金は悉く一定の目方の棒としてあった。他の人達には三、四千クルサドを与えた」とあるように、明智勢は安土で奪った金銀・宝物を軍功の賞にあてたり、人心把握のための贈物にあてた。そうした処置が、この時代の勝利者の習いとしても、「希代の無欲」といわれた賢秀の態度とは対照的である。しかし、動揺する世相の中にあっては、そうした律義さだけでは経世の武将たりえなかった。賢秀を「頑愚」だとする評は、その「たくましさ」を欠くところに生まれてきたものであろう。

三日に安土から日野に退くとき、明智光秀の部将明智彌平次の指揮する三千の兵に追撃された。氏郷は手勢三百をもって七度《ななたび》返し戦い、追撃を振り切って無事日野に帰城し、籠城にはいった。氏郷は、この難局の打開を、「ひとえに拙者武勇にあらず、忠を深く存ずる故、八幡の御助」によるものと神助に帰して謙遜している（「伊藤祐盛宛氏郷書状」）。

四日から五日にかけて、近江はほぼ光秀に帰属した。しかし、蒲生氏は明智勢の来襲に備え籠城をしていたことは、七日になっても「日野蒲生一人、いまだ出頭せず」（『実隆卿記』）とあることからも明らかである。

光秀は、近江侍多賀豊後守・布施忠兵衛を使として、賢秀に降伏を勧めさせたが、賢秀・氏郷はついに屈しなかった。しかし、それには異説も伝えられている。『当代記』の筆者は、賢秀の安土退城を「ここまでは清潔」と評しながらも、

後日には少し心違いけるか、又は策か、明智へも無音にはなかりけるが、後には其事を布施藤九郎が科《とが》にして、藤九郎を牢人させられける。この藤九郎は蒲生右兵兵衛婿なり。

と、賢秀のひそかに光秀に通じたとの伝えを記している。

藤九郎は布施忠兵衛の前名で、賢秀の女婿であったことは間違いないが（『氏郷記』）、天正八年（一五八〇）、信長に選び出されて直臣となり、馬廻として安土に居住していたので（『信長公記』）、賢秀

の光秀通謀の責任を負わされて牢人する理由はない。本能寺の変後、寝返って光秀に属した忠兵衛は、光秀の請いにより、過去の縁故を頼って招降の使節として日野へきたことが真実であろう。

　信長の死は進行途上にあった支配体制に大きな衝撃を与えた。それによって巻き起こされた混乱についてルイス・フロイスは「堺の市より美濃・尾張の国まで六・七日路の間」各地で掠奪と追剝《おいはぎ》・殺害事件の起こったことを報じている。そうした中では、諸説が紛々《ふんぷん》として横々するのは当然である。四日には伊賀の織田信雄領の城に伊賀牢人が入城したとか、五日に筒井順慶が江州に向かい、「堅くもって惟任《これとう》（光秀）と一味」とか、種々の雑説が流れた（『多聞院日記』）。そうした雑説の一つとして、蒲生の明智帰属もうわささされたものであろう。

　蒲生父子は、流動する世相をよそに、まず兵を日野城に集めた。入城する者には小倉・林・儀峨・音羽・三木・小谷・和田・寺倉・上野田ら一家の人々、ならびに紋の内・家子郎等など一千五百余騎があった。また、そのほかに、一向一揆を蜂起させ、明智に対抗する方策をたて、

覚

一、今度、上様御果て口是非なき儀に候。仍ち明知（智）当国へ下向幸に候。一揆を催し打ち果すべく、しからば御褒美の段、御訴訟あるべく候。いささかも如在《じょさい》疎意なく馳走申すべきこと。

一、皆その忠節これあるように仰出され候へとの旨、本願寺殿へも申上候こと。

一、御本所様（織田信雄）・三七様（織田信孝）・徳川殿（家康）その外歴々、御本意を達せらるべ

く候造意御油断なく候間、御出張程あるべからず候。しからば皆々□《(急ぎか)》参らるべく候こと。

（日野町西大路『興敬寺文書』）

と呼びかけた。結局は信雄・信孝・家康、その他有力部将が復讐の本志をとげるであろうが、それまでの間は、本願寺の援助を得て、近江の門徒地侍・百姓までも動員し、明智勢に対決する意図を示したものである。

また一方、伊勢の織田（北畠）信雄に援兵を求め、幼女を質に送った。このころ、信雄は兵を率いて鈴鹿に至り、光秀討伐を議していたが、蒲生の請いに接して、鈴鹿を越えて土山に陣を張り、援助することにした。

その間も時局は流動的で、五日には大坂にいた光秀の女婿織田（津田）信澄は、四国征伐のため堺にあった神戸三七信孝と丹羽長秀らのために誅せられた。光秀は情勢の悪化に応じ、京都の人心を収め、諸将を誘致する必要を感じ、安土を去って上洛した。しかし、細川藤孝・忠興父子や、筒井順慶の誘致にも失敗し、形勢は、はかばかしくなかった。

六月八日、蒲生氏郷は信雄より加勢として遣わされた小川長保らと共に日野を出撃し、近江石原に着陣したと伝える（『寛永諸家系図伝』所収、小川長保）。九日に中野村小脇（八日市市）の常願寺に、十日、奥島（近江八幡市）長命寺に禁制をよせ、軍勢甲乙人《こうおつにん》（だれかれ）の乱暴狼藉《ろうぜき》を停止し、矢銭・矢米などの徴発を禁じたのは、そのときのことであろう。

一方、備中高松城を攻めていた羽柴秀吉は、本願寺の変を聞き、ただちに毛利氏と和し、急ぎ東上して、十一日には摂津尼崎に着き、信孝・丹羽長秀などと連絡し、十二日に光秀を討つことを議した。山崎の決戦がせまったのである。

十三日の払暁卯の刻（午前六時）ごろまでに山崎に対陣した両軍は、天王山の争奪戦にはじまり、激戦を交えたが、その夜半には勝敗は決した。敗れた光秀は近江坂本城に逃がれる途中、小栗栖《おぐりす》の土民の手にかかって殺された。その日氏郷は信雄勢とともに安土に向かった。城将明智彌平次は安土を棄て、光秀のもとに赴く途中、堀久政と戦って敗れ、坂本に逃がれた。秀吉は十四日に早くも近江坂本まで進み、坂本城に彌平次を囲んで誅し、十六日に安土に向かった。しかし、それより前、十五日に安土城は焼け落ちた。ルイス・フロイスは「附近にゐた信長の一子が如何なる理由によるか明《あきらか》でなく、智力の足らざるためであらうか、城の最高の主要な室に火を附けさせ、次で市にも亦火を附けることを命じた」といっているから、「附近にゐた信長の一子」とは、このとき近江に陣していた信雄以外になく、その放火によって安土城は焼かれ、信長の偉業は形をとどめず灰に帰したのである。

このの ち秀吉は、近江の叛徒を討ち、近江を平定したのち、信雄・氏郷をともなって帰洛した。京都でおたがいに信長を追憶したとき秀吉は氏郷の手をとって、「今度の籠城のこと承知はしていたが、信長公の御婿とはいえ、事と次第では、どうにもならぬことなのに、よくぞ高名せられた」と、氏郷の忠節をたたえた。やがて秀吉は布施忠兵衛の所領三千石を没収し、氏郷の功にむくいた。氏郷は妹である忠兵衛の妻を呼び帰し、間もなく関右兵衛尉に嫁せしめた。

本能寺の変後、近江に威信をたかめた氏郷は、領内支配の強化に努めたようである。居城日野中野城は天文二・三年のころ、氏郷の祖父定秀によって築かれ、城下町の経営も進んだとされる。そのときの町割り図によれば（『近江蒲生郡志』所収）、城からほぼ東西に米粒状にのび、その町数も七十九町あったといわれる。それを図示すると、つぎの図のような形になる。

日野は中世に日野市《いち》で知られる商業の盛んな土地であり、それとともに手工業も発達していた。佐々木掛鐙《あぶみ》、一名日野掛鐙や、日野椀の名のあるのはその証拠である。それゆえ城下町の経営にあたって、日野市の商人や職人が集められるのは当然であろうが、その中に鉄砲町の名の見えるのには疑問が持たれる。日野鉄砲として世に知られたものがあるにしても、近江国友《くにとも》鉄砲鍛冶の成立するのは、弘治元年（一五五五）とされるから、それ以前に日野に鉄砲鍛冶の成立は考えられない。それゆえ日野町割りは天文二・三年ごろになされたといっても、そのときに完成されたものではなく、原型はできていたにしても、賢秀・氏郷二代の整備を経て、いわゆる「天文三年町割」図に見る日野町は完成されたものにちがいない。

氏郷は、その日野町に掟を定めた。

定条々

一、当町楽売・楽買をなす上は、諸座諸役一切《いっさい》これあるべからざること。

〔天文三年町割り〕

南町　本郡　北町

若草町　横町

南今町　南新町　新町　北新町　北今町

一町　二町　三町

内池町　鍛治町　鉄砲町　越川町　弓屋町　大工町　音羽町

河上町　根笹町　大橋町　小橋町　立木町　河下町

清水町　双六町　別所町　白銀町　杣川町　赤銅町　五反田町　蔵王町　杉杣町

一町　二町　三町　四町

同町　野辺町　永盤町　堅地町　上大窪町　塗師町　早過町　平子町　同町

這上町　河原町　木津原町　稲田町

清雲町　仕出町　南大窪町　大窪町　北大窪町　米搗町　北川町

野崎町　横町

南田町　松屋町　野瀬町　下大窪町　池田町　梅屋町　北田町

磯森町　崎原町

桜本町　岡本町　石原町　小谷町　月夜町

一町　二町　三町

麻生町　松尾町　小帝町

一、諸商人并に往還旅人の輩、馬の付下げ当町に相留むべし。附、寄宿の儀は荷主次第となすべきこと。

一、土山・甲津畑南北の海（街）道一切相留め、当町へ通ずべし。万一直通の者これあらば、申付くべきこと。

一、押売・押買・宿の押借以下国質・所質一切停止せしむること。

一、当町へ出候者、最寄《もより》の者、如何様の出入これありといえども、理不尽の催促の沙汰これあるべからず。但し居住以後の者、申し様《ざま》の躰により子細を糾明すべきこと。

一、火事・付火においては、家主その科《とが》あるべからず。自火に至りては、時の躰により軽重あるべきこと。

一、盗物売買の儀、買主知らざるは、その科あるべからず。但し盗人引付においては本銭をもって買い返すべきこと。

一、喧嘩口論曲事《くせごと》の儀歴然たるにおいては、その身一人の罪科となすべし。借家その科これを懸くべからず。借家の者咎人《とがにん》たりと雖も、家主その科あるべからざること。

一、領中在々所々呉服物堅く停止せしめ畢《おわ》んぬ。承引なきにおいては、荷物等押取るべきこと。

一、当町地子・加地子共これあるべからざること。伝馬免許のこと。

一、当町へ出で候と雖も先規よりの公事役はこれあるべし。町へ非分の役儀申付くべからず。但しその主の用所等の儀たるは、先々の如くなすべきこと。

一、天下一国之徳政たりと雖も、当町においては棄破あるべからざること。

右の通り堅く定むる上は異儀あるべからず。万一違犯の輩これあらば、厳科に処すべきものなり。よって件の如し

天正拾年

十二月廿九日　　　　　　　　　　忠三郎　判

この十二ヵ条の掟《おきて》の主眼は日野町を楽市と定め、特権的な座を排して新興商人の自由な営業を認め、その移住については、「理不尽の催促」を禁じたことが、その一つである。また、商人を城下町に吸引し、それを保護し発展させるために、地子《じし》・加地子《かじし》の負担を免除し、伝馬役《てんまやく》をはぶき、規定以外に非分の公事《くじ》役を課することを禁止した。徳政は農民を高利貸資本から護るためのものであったが、城下町商人についてはそれの適用を廃した。このことは、徳政の主旨に反することだが、商人を保護して城下町の発展をはかるため、あえて農民の利害を無視したものであろう。

しかし、この掟の地域的な特色としてあげられるものに、交通路の制限がある。日野をめぐる地域は、伊勢通商路の要地にあたり、北に甲津畑よりする千草越え、南に土山よりする鈴鹿越えがあった。その二つを禁止して日野通路に規定することは、近江と伊勢を通じてなされる商品流通を、日野市場に集中するための策にほかならない。

また「在々所々」の呉服物の禁止は、これまで保内（得珍保内）商人や、横関（東横関＝近江八幡市馬淵地内。西横関＝蒲生郡竜王町地内）商人が呉服座を有した伝統を否定し、その売買を城下町に限定したものである。それゆえ、この二つの制限も、結局は日野城下町の繁栄をはかる方策にすぎない。

この掟を天正五年（一五七七）に出された信長の「安土山下町中」の掟書と比較すると、相互に共通する点がはなはだ多い。おそらく氏郷は、信長の政策に範をとり、日野城下町を領内商品流通の中心として育成し、それを支配する目的で商人の集中と、その懐柔策を企図したものに相違ない。

氏郷は信長に従って歴戦の間にたぎりたつ武将の魂に磨きをかけただけでなく、近世的大名として成長すべき政治的感覚もまた育てつつあったのである。

松坂少将

峯の戦い

本能寺の変の事後処理は、織田一族および宿将らの思惑がからみあって、波乱を含みながら推移したが、六月二十九日の清洲会談で大勢は決したかにみえた。その間にも「天下の様《さま》、柴田・羽柴・丹《に》羽《わ》五郎左衛門・池田紀伊守・堀久太郎以上五人して分取《わけどり》の様にその沙汰あり。信長の子供は何《いず》も詮《れ》に立たず」(『多聞院日記』七月六日条)など、風説はしきりであったが、秀吉の意見により信忠の一子秀信を擁し、信雄・信孝の兄弟をその後見人に定め、尾張を信雄に与え、信孝は美濃を得、岐阜城に秀信を預かることになった。また柴田勝家は長浜城を含む近江北部を合わせ、丹羽長秀には近江滋賀郡を渡し、秀吉は山城に丹波を合わせて領有することが決定された。しかし、光秀を討った秀吉の主導権がたかまるにつれ、それに対する宿将柴田勝家・滝川一益らの反感、ならびに織田家の宗主権をめぐる信雄・信孝兄弟の対立は内燃しつづけ、戦いをはらんでいた。

その時期は早くも天正十年の十二月に到来した。岐阜の信孝は柴田勝家・滝川一益と結び、現状の不満を打開するため秀吉討伐の意を示したので、秀吉は十二月七日に兵を率いて近江にはいり、まず勝家の部将長浜城主柴田勝豊を誘降して美濃への道を開き、二十日には信孝を岐阜城に囲んだ。ついに信孝は秀吉に和を請い、秀信を出し、老母を質として差し出したので、秀吉はこれを許し、秀信を安土に迎え、信雄をその後見人と定めた。結果として美濃は平定されたが、柴田勝豊の誘降もからみ、柴田・滝川との連繋の一角が崩されたことは、さらに両者の対立を厳しくした。

この事態の推移の中で、氏郷の態度は微妙であった。信雄・信孝ともに氏郷の小舅《こじゆうと》であったからである。しかし、信雄・秀吉と信孝・勝家の対立が激化するにつれ、去就の決定をせまられた。過去に賢秀・氏郷父子は柴田の与力として戦った経歴があり、そのため秀吉は氏郷を柴田党と疑い、勝家は味方と考え、ともにその陣営に誘った。しかし、氏郷はついに勝家と絶ち、秀吉に属する態度をあきらかにし、その姉を秀吉の請いにまかせて差し出した。のちに側妾三条殿といわれるのが、その人である。

両陣営の戦いはまず伊勢で起こった。秀吉は十年の暮れに、明春を期して滝川一益を討つ計画を示していたが、明けて十一年（一五八三）正月、滝川一益によって北伊勢亀山城が占拠される事件によって口火が切られた。

亀山はもと関盛信の居城であった。天正元年（一五七三）に信長によって没収され、盛信の身柄は妻の実家の蒲生氏に預けられた。天正十年、信孝を四国征伐に派遣するとき、信長は再び盛信を召し出して亀山城に復し、信孝につけた。

亀山に帰って間もなく盛信は出家し、万鉄斎と号し、継嗣を定めることになった。盛信にははじめ二子があり、嫡子は叡山に登って法師となり、二男勝蔵は柴田家にあったので、法師を還俗させて嗣子とするか、勝蔵を越前より迎えて世継ぎにするかをめぐって、家中が分裂した。結局、盛信は法師を還俗させて右兵衛佐一政と名乗らしめ、家督をゆずり、氏郷の妹、もと布施忠兵衛の妻を娶《めあ》わせた。

これより先、伊勢の一益・信孝配下の将に策謀を加えていた秀吉は、盛信父子を誘降した。盛信は、蒲生と重縁の関係から、「某《それがし》蒲生と申合せ候、蒲生成り次第御意に従うべし」（『勢州軍記』）との意志を示していた。今、氏郷が秀吉に帰属するにおよんで、盛信父子は秀吉の招きに応じ、正月、秀吉にまみえるため上洛した。

その留守をうかがい、一政の継嗣に反対する家臣の一味四十三名は、滝川一益に頼り、その出兵を求めて目的の達成をはかった。一益は兵を発し、亀山城を取るとともに、信雄・秀吉に属する岡本下野守の峯城を抜き、神戸を攻め、国府《こふ》・加太《かぶと》を随え、亀山城に佐治《さじ》新介を、峯城に滝川儀太夫を入れて備えを固めた。

関盛信・一政父子は途中でこれを知り、日野に行き、氏郷を介してこの旨を秀吉に訴えた。

このころ、「東国の様《さま》は滝川・家康・三七殿（信孝）・柴田以下大旨《おおむね》一味せしめ、雪消は打出す可き由」（『多聞院日記』閏正月十二日条）などがささやかれるほど、緊迫した空気がただよっていた。秀吉は北伊勢における滝川一益の進攻を知って、織田信雄に請い、雪消え前にまず一益を伊勢に討たんとした。二月九日近江にはいり、まず柴田勝豊より質をとり、丹羽長秀とともに長浜城を守らしめて、柴田勝家に備え、みずからは兵を率いて伊勢に侵入した。

十六日、峯・亀山・国府などを一度に包囲し、桑名は城の外構えまですべて放火して焼き払った。二十日には国府の守将が降参したので、命を助け城を請取っている。

亀山城は惣町はもちろん端城まで焼き払って包囲攻撃を加えたが、城兵は堅守したので金掘りを入れ、東西の矢倉・塀《へい》まで掘りくずさせて攻めつけた。そのため、城将佐治新介も力尽き、三月三日に開城して一益の拠る長島城に退いた。そこで秀吉は、これより先、二十八日に伊勢表に参着していた織田信雄を亀山城に入れた。

峯城の攻撃に回ったのは羽柴秀長・三好秀次・筒井順慶・長谷川秀一・蒲生氏郷で、そのほか江州衆が参加した。峯城は南北五十間、東西三十間の小城で、石垣は天守台ばかりで、他は切り立った崖である。城外の東西は深田、南北は峰つづきの要害で、守る滝川儀太夫は豪勇で知られていた。秀吉は周囲に柵をめぐらし、堀を埋めさせ攻囲したが、城兵は容易に屈しなかった。その間に、江北で柴田勝家の出陣を聞き、峯城をはじめ、他の諸城の処置を信雄にゆだね、蒲生氏郷を初めとして、関父子らの当国人を残し、十月ごろ近江に向かった。

『祖父物語』という書物がある。文中に峯城攻めの凄惨《せいさん》なさまがえがかれている。それによれば、

「四十五、六日攻めけれどもかなわずして、金掘を入れければ、城中よりもその道を掘り、焼草に鉄砲の薬をまぜ、敵方より金掘城中へ掘入ると、火を付ければ、敵方の金掘残らず焼死けり」とあって、城兵の頑強な抵抗の有様が知られる。しかしながら、長い包囲に食糧も尽きたか、「その内馬や人を食したりと聞ゆ」る惨状を呈したという。

この物語の内容はかならずしも信頼できないようであるが、『豊鑑』に、峯の城は「城の構えよく、兵も多かりければ、安くは落さるまじきと計りて、竹たば云うたて（楯）をこしらえ城に近づきけり。城中粮漸《ろうぜん》々つきければ、平をこひて城を落ち渡しぬ」とあるのとくらべれば、峯城が四十数日の攻囲に飢餓に落ち入り、ついに落城したことは事実のようである。その落城は四月十七日であった。その間に、滝川勢に占領されていた関・加太なども漸次回復された。

峯落城より前の四月六日、岐阜の織田信孝は柴田・滝川の動きに呼応し、岐阜城に兵をあげ、美濃清水城主稲葉一鉄および大垣城主氏家直通の領内に放火した。時に秀吉は三月十七日以来、江州賤ヶ嶽を占拠し、柳瀬の高地に陣する柴田勝家と対陣していたが、報をうけて信孝を討つため、いったん大垣城にはいったが、伊勢平定を終わった信雄に、信孝と一益を牽制させることとし、近江の陣に帰った。

四月二十一日、さきに大岩山に秀吉の部将中川清秀を討ち、意気あがる勝家の部将佐久間信盛の油断をとらえ、一気に賤ヶ嶽にこれを破り、勝家の本陣に迫った。ささえずして退却する勝家を追った秀吉は、越前にはいり、府中城主前田利家を招降し、それを先手として北庄《きたのしょう》城に迫り、二十四日、勝家を城中に自殺させた。ついで加賀にはいり、北陸の制覇をとげた。

一方、信孝・一益の押えの役割りを持った信雄は、尾張から北に進み、四月二十四日ごろには美濃にはいり、信孝を岐阜城に囲んで降し、秀吉と謀り、信孝を尾張野間に送り、九月十日自刃せしめた。両翼をもがれた滝川一益は、ついに秀吉に屈し、八月に伊勢五郡を呈して秀吉に降った。秀吉は一益を越前大野に送り、ひとまず対抗勢力を除去しえたので、有功の将士に論功を行ない、所領を宛行《あてが》った。

この期間、蒲生氏郷は伊勢の戦いに終始したものか、柴田合戦には参加しなかったようである。しかし伊勢討伐に殊功があったため、亀山城を賞与された。のちに松ヶ嶋に移封されたときの知行目録に、関本地分八千石と見えるのがそれにあたるものと思われる。元来、亀山は伝統的な関氏の所領であった。滝川勢にいったんは奪われたが、この戦いに参陣していた。それゆえ、氏郷は盛信・一政とともに二代にわたる姻戚関係にあり、今、その名跡の絶えることを惜み、秀吉に請うて関氏に亀山をゆずった。秀吉はこれ以後、関氏を氏郷の与力に命じたので、こののち、氏郷の陣中には常に関氏を見ることができる。

氏郷は弓矢修業の師斎藤内蔵助の言として、「侍の本は武勇あるものを抱え、武勇の誉《ほまれ》さえ候えば立身疑いこれなきものにて候と見え候。侍の心のちいさき程煮ても焼きても食えざるものに候」といい、武将の誉れは武勇の士を召し抱えることによってあげられ、その士を遇するには、「知行と情とを車の両輪、鳥の翅《はね》のごとくに候ねばかなわざることに候」ものとしているが（「伊藤祐盛宛氏郷書状」）、関氏の場合、姻戚としての関係はあるにしても、それを取り立てる心情の中には、尚武と情愛の融合した意識の働いていたことがみられるようである。

この年、氏郷は従五位下飛驒守に補任されたと伝えるが、その日時は明確でない。天正十二年（一五八四）六月、本願寺光佐（顕如）に馬を贈った。その光佐の謝状には「蒲生飛驒守殿」とあるから、少なくとも、それ以前の任官であることは間違いない。

南北転戦譜

明けて天正十二年（一五八四）の春になると、台風の目が尾張・伊勢に発生した。柴田勝家を討った秀吉は、その前年に居を大坂に移し、信長の実質的な継承者としての威権をたかめていた。これに対し、織田信雄は信長の跡継ぎ秀信の後見人として名目的には立てられていても、すでに秀吉の下風に立たざるをえず、そのことに対する焦燥感と、信孝と同じ運命におちいるかもしれぬ不安とにかられ、お互いに相手を除くべき機会を求め、策謀が企てられていた。

三月六日、信雄はかねて通謀していた徳川家康に援兵を求めるとともに、秀吉に通じたとしてその老臣伊勢松ヶ嶋城主津川義冬・尾張星崎城主岡田重孝・同苅安賀城主浅井田宮丸らを伊勢長島城に誘殺し、ついで、その諸城に遺族・遺臣を討って占拠した。さらに伊勢の諸将の協力を求め、菰野《こもの》城（三重郡）神戸正武・峯城（鈴鹿郡）佐久間正勝・国府城国府次郎四郎・神戸城（河曲《かわわ》郡）神戸正武・沢城（河曲郡）神戸友盛・松ヶ嶋城（一志郡）滝川雄利・戸木城（一志郡）木造具政・船江城（飯高《いいたか》郡）本田親康と諸城に部将を配置し、伊勢の守備をかためた。

これにたいし、亀山城主関盛信・一政父子や安濃津《あのつ》（津市）城主織田信包《のぶかね》・岩出（度会《わたらい》郡）城主田《た》丸具直《まるともなお》・鳥羽（志摩）城主九鬼嘉隆《よしたか》らは、秀吉に味方した。

この事件は、信雄にしかけられた反抗として、それを討つための名分と口実を秀吉に与えたことになる。それゆえ、その報に接すると秀吉は、ただちに十二日、蒲生氏郷・滝川一益・長谷川秀一・堀秀政・日根野兄弟・多賀秀種・池田景雄・山崎片家・浅野長吉・一柳《ひとつやなぎ》直末・加藤光泰らに兵約一万人をつけ、先手を命じて出発させた。

その間に亀山城は神戸城主神戸正武の攻撃を受けた。城主関万鉄入道盛信・一政父子は、夜陰に乗じて城外に討つて出で、町屋に火を放ち、煙にまぎれて神戸勢を撃退したといわれる。この戦いについて秀吉は、

御状披見せしめ候。其城へ取懸り候処に、堅固に相踏え、異儀無き儀候由、尤もに候。尚城にこれ在る者は失念候つる。蒲飛（蒲生飛驒守氏郷）初として各人数著越し申し候条、其元才覚（肝要カ）折角に

候。猶以て御精を入れらる可き事、専一に候。恐々謹言

筑前守
（御在判）

三月十二日
関　兵衛殿《一政》

（関文書）（原文漢文）

と激励した。これによれば、亀山城攻撃は秀吉の伊勢出撃命令のでる以前に起こったのである。十四日に峯城攻撃が始まった。その間に、氏郷は姻戚関係にある沢城の神戸友盛の招降を試み、ついで国府の国府次郎四郎の説得にあたったが、ともに不成功に終わった。

峯城は前年の戦いで破壊され、城壁の修理も間にあわなかったので、佐久間正勝をはじめ、城兵は城外に出て戦ったが、大軍の前に苦戦し、正勝は一時自殺を決意したといわれる。

氏郷の与力亀山の関万鉄盛信・一政父子も亀山城を出でてこの攻城に加わり、氏郷の臣坂源右衛門らとともに奪戦した。特に関勢の戦いはめざましく、「昨日巳刻、峯表において一戦をなされ、息時《そくじ》に首数多く勝《か》ち取るの由、神妙の至りに候、軈《やが》て相越すべく候条、旁《かたわら》面をもって申すべく候」と秀吉の感状を得た。これらの力戦に、城兵はささえずして、その夜の中に城を開き、退陣して尾張に逃げた。

峯城の陥落により、神戸友盛も城を棄てて安濃津に退き、織田信包に頼って降伏し、国府次郎四郎

も城を開き、その他の諸城の敵も尾張に逃がれた。いわば峯城は北伊勢の要であったともいえる。その落城によって北伊勢の平定はなった。

南伊勢には信雄勢の拠る木造・松ヶ嶋・船江の三城があったが、峯城を落とした羽柴秀長・羽柴秀勝・蒲生氏郷・筒井順慶らの軍勢は、まず松ヶ嶋を攻囲し、十六日より戦いが始まった。松ヶ嶋は海に近く水路をめぐらした要害のため、かねて秀吉の指示をうけていた伊勢岩出の田丸具直は、志摩鳥羽の九鬼嘉隆と共に水軍を率いて海上を封鎖した。

城将滝川雄利は信雄の援将日置大膳亮《ひおきだいぜんのすけ》および家康の付人服部正成と協力して防戦した。攻撃軍は十六日早朝、筒井順慶の松ヶ嶋侍町侵入によって戦いの火ぶたを切り、織田信包は侍町を焼き払って激戦をまじえた。攻囲戦は四月まで続いたが、その三日、筒井順慶の奮戦によって二の丸が落ち、ようやく城方の頽勢がみえてきた。

時に伊勢国司家の侍であった星合左衛門の娘で比丘尼《びくに》慶法尼は、籠城戦の惨情を見るや、羽柴秀長に会い、両者の執り成しを計った。秀長はその志に感じ、停戦して尼を城中に入れた。雄利もこれを引き時と考え、城をあけて羽柴勢に渡し、他の守将と共に船で尾張に赴いた。

松ヶ嶋のすぐ西南には船江城があり、本田左京亮《さきょうのすけ》が守っていたが、あまり戦意がなかったようである。かえって松ヶ嶋攻撃が始まると、そこに人質としている嫡子千勝丸の安否が気づかわれてならず、その救出方法に腐心していた。それを察した臣下の高島次郎左衛門は、いつわって松ヶ嶋に潜入し、日置大膳亮に従って戦いながら、機を見て千勝丸に近づき、盗み出して城を出た。これを知った城兵は、高島を追求したが、高島はたくみに逃がれ、船江城に帰った。しかし、松ヶ嶋を裏切ってはその後詰めにもならず、傍観するのみで、戦闘力にはならなかった。

松ヶ嶋落城後、羽柴勢はその西北にある木造具政の拠る木造城を攻めた。

氏郷は松ヶ嶋攻囲中に伊勢を去って尾張に赴いていたので、それ以後は代将として蒲生源右衛門郷成が木造攻めに参加し、四月十二日の木造合戦には功名をたて、賞詞を得るとともに、「いよいよ取合い丈夫に普請申し付けらる。番等油断これあるべからず」と氏郷の指令を得ている（『近江蒲生郡志』延岡「堀文書」）。

氏郷が松ヶ嶋攻囲の途中に尾張に去ったのは、秀吉と信雄・家康との対決が迫ったためであって、『氏郷記』はその時日を三月十六日としているが、それには誤りがある。伊勢を去ったのは尾張において戦機が熟したので、羽柴秀勝とともに移動を命ぜられたためである。しかし、当の秀吉は、二十七日にようやく犬山にでて、翌二十八日、小牧山に向かい、楽田《がくでん》を本営と定めて、諸将を配置した。それゆえ、氏郷らはそれに間に合うように、三月下旬のある日、尾張に赴いたものとすべきであろう。ともかくも、二十九日には田中に堀秀政・長岡（細川）忠興・長谷川秀一・加藤光泰らと共に、兵数計一万三百余をもって布陣していた。

信雄の領国伊勢で戦いが起こったのとほぼ日を同じくして、尾張でも小牧・長久手の戦いの前哨戦が起こっていた。三月十三日、美濃岐阜の池田元助（勝入恒興の子）と同国金山の森長可《ながよし》は、濃尾境の要地犬山城を抜いた。そのため、信雄勢は、「北伊勢への動を延引」（『当代記』）しなければならなかったほどで、羽柴勢の伊勢攻略の助けになった。

清洲ににいた家康と信雄は、犬山落城の報に接すると、ただちに出動し、小牧山の要衝を占領し、犬山城を北二里に望んだ。

それに対し楽田に本拠を置き小牧山に向かう秀吉の布陣は、つぎのとおりである。

二重堀　日根野弘就・弟彌次右衛門ら　兵数千五百
田　中　堀秀政・長岡忠興・長谷川秀一・蒲生氏郷・加藤光泰ら　兵数一万三百
小松寺山　三好秀次　兵数九千七百
外久保山　丹羽長秀　兵数三千
内久保山　蜂屋頼隆・金森長近　兵数三千五百
岩崎山　稲葉一鉄・その子貞通・同重通・同方通・その孫典通　兵数二千五百
青　塚　森長可　兵数三千
小　口　筒井定次・伊東祐時　兵数七千二百

そのまま対峙して両軍は動かなかった。

四月四日夜になって、池田勝入は家康の本拠三河を討つ策を主張した。はじめ躊躇《ちゆうちよ》した秀吉も、やがてその策を入れ、第一隊池田勝入・第二隊森長可・第三隊堀秀政・第四隊三好秀次を編成し、六日早朝、三河の西部に出撃すべきを命じた。この計画を知った家康は驚き、八日、小牧の留守に酒井忠次・石川数正・本多忠勝を置き、みずからは本隊を率い、敵を追尾して後方から撃破せんと企て、進んで小幡城にはいった。

九日の朝、追及した徳川勢は三好隊を白山林に撃破し、ついで堀隊を討って、一・二隊との連絡を絶ち、ついで三・四隊の救援に引き返した池田・森隊を長久手に包囲し、これを討って小幡城に退いた。

秀吉は先遣隊の救援に赴き、夕方、竜泉寺山城に着き、支隊を先ず派遣したが、その支隊は途中において、池田・森隊は長久手に敗れ、池田勝入父子および森長可は

小牧要図
（長久手開戦前）

ともに戦死し、家康と信雄はすでに小幡城にはいったことを知り、本隊へ引き返した。秀吉は両者の戦死を無念に思い、ただちに小幡城を包囲して仇を討たんとしたが、蒲生氏郷・稲葉一鉄・日根野弘就らはその馬のくつわに取り付き、「はや日も暮れかかり、そのうえ家康も勝って甲の緒をしめ、小幡城にこもって戦う気もなさそうですから、ここは、柏井まで旗を納めた方がよさそうです」と諫止した。秀吉もうなずき、その夜は柏井に帰って泊り、蒲生氏郷・長岡忠興の二人は竜泉寺に陣取った。

この夜秀吉は、家康らがひそかに小幡を出て小牧山に帰ったことを知り、夜半に出発して田中砦に退き、翌十日楽田に帰った。

戦線はふたたび膠着状態に落ち入ったが、機敏な秀吉は、その間に戦局の転換をはかり、家康と信雄の分断講和を策し、鋒先を信雄の諸城攻略に転じた。

五月一日、秀吉はにわかに撤退を令し、全軍は背進に移った。このときの殿軍《しんがり》は第一隊長岡忠興、第二隊日根野弘就兄弟・木村重茲《しげこれ》・神子田正治、第三隊は長谷川秀一・加藤光泰・蒲生氏郷などで、氏郷が尻払《しつぱらい》であった。

『蒲生文武記』にはつぎのような記事がある。小牧の戦いに秀吉は敵を追撃して清洲城に迫ったが途中で引き返すことにした。そのとき、もっとも大事な殿軍をだれにするかを考えたあげく、それを氏郷に命じた。氏郷はそれにたいして、「お心やすくおぼしめせ。敵が城を出て追撃するなら、一気に追い返してごらんにいれましょう」と答えた。これを聞いて秀吉は満足し、無事大垣まで引き揚げた。

これには地名の合わない点もある。しかし、おそらく五月一日、背進の尻払をしたおりの物語と思われる。このとき、家康の部将のなかには追撃を進言する者もあったが、家康はこれを許さなかった。尻払はそうした敵の追撃をささえ、全軍を無事背進させるもっとも大事な、しかも危険な立場のものである。氏郷の父賢秀は四月十七日に死去している。氏郷は戦陣の中で父の死を悼む暇もなく、喪を秘して大事をなしとげたのである。

背進の途中、秀吉は五月三日、清洲城西北にある尾張加賀野井《かがのい》城を攻めた。城主は加賀野井重宗父子で、ほかに援将として伊勢より逃がれてきた神戸正武・千草三郎左衛門・浜田与右衛門・楠十郎らが籠っていた。攻撃の先手は追手《おおて》は長岡忠興、搦手《からめて》は蒲生氏郷である。ただちに両手から攻撃を始め、追手の長岡忠興は城の外郭を撃ち破り、城主加賀野井重宗を討ち取ったが、城兵は屈しなかった。攻囲戦に移るにおよんで城兵もついに屈し、和を請うたが、秀吉はこれを許さなかった。

窮した城兵は六日の夜、寄手に夜襲をかけた。それを察知した羽柴勢は、それを迎え討ったので、城兵の過半は戦死して落城した。この城攻めに、氏郷を初め長岡忠興・加藤清正らはそれぞれ奮戦して功名をあらわした。

氏郷は上坂左文《さぶみ》・坂小坂（坂源右衛門郷成）の二人を左右に従え、まっ先かけて力戦した。暗闇にまぎれ、味方といつわって逃がれる者もあり、くもの子を散らすように落ち行く敵を打ちとめ、切り伏せ戦った。朝方になって上坂と坂をよび、槍をくらべたところ、氏郷の槍は下顎が曲がり、柄は血で朱に染まっていた。上坂・坂の槍は刃こぼれして「ささら」のようであったと伝える。この夜、蒲生勢が討ちとめた敵は嶺孫三郎・千草三郎左衛門をはじめ百余人であった（『氏郷記』）。

同じころから不破広綱の拠る竹《たけ》ヶ鼻《はな》城を攻めたが、加賀野井落城後の五月十日からの攻撃は、いっそう激しさを加えた。その様子を秀吉はつぎのように書いている（「佐竹義重宛秀吉書状」）。

彼《か》の要害は数年相拵《こしら》え、堀深く、即時に責入るべき地にこれなきの条、水責めに致すべしと存じ、四方に堤の高さ六間、広さ二十間に三里の間築き廻し、木曾川を切懸るの処、城中迷惑せしめ、懇望致し候。

木曾川の水を引いての水攻めに、困窮の極に達した不破広綱は降を請い、開城を申し入れ、六月十日に城を明け渡して伊勢長島に退いた。

秀吉はさらに続けて、

此の如く候へば、尾州東方三郡、西方二郡余此方へ申し付け候。左様に候へば、二郡余漸々相残る体《てい》に候。これまた木曾川切懸候に付いて、信雄居城ならびに清洲辺りことごとく洪水の体に候条、侍の儀は申すにおよばず、土民・百姓まで餓死におよび候。（後略）

とある。水攻めはともかくとして、秀吉が決戦を避け、信雄の尾張・伊勢領を真綿で首を締めるようにつぎつぎに攻略し、信雄の疲弊を待ち、動揺をうながすような心理作戦を継続したことは理解できる。

氏郷は竹ヶ鼻城攻めに参加したかどうかは明らかでない。それよりも伊勢の戦いがひかえていたようである。

木造合戦

秀吉は竹ヶ鼻城攻撃の途中で、これまで信雄領伊勢攻略に功のあった諸将に、伊勢を分割してその支配にあてた。

北伊勢では神戸城に生駒親正を置き、峯・千草・国府・楠・宇野部・赤堀・南部《みなべ》・加用《かぶと》(太)などを与え、織田信包には安濃津の本領に木造《きつくり》・小倭《こやまと》・小森(一志郡北部)を加え、蒲生氏郷には南伊勢の大部分十二万石を宛行《あてが》い、田丸城(渡会郡)の田丸具直、亀山城の関一政、大和宇陀の沢・秋山・芳野諸氏を与力につけた。

これにともない、氏郷は六月十三日に日野より松ヶ嶋に移り、城を預かる岡本下野守と入れかわって入城した。その『知行割目録』は九月付けではあるが、その移封後に下したとみられる秀吉の日野町中「掟」は六月に出されているので、氏郷の六月に移封されたことは間違いないようである。

しかし、その土地は信雄勢力の残存地域であり、木造氏を中心とする抵抗の継続されていたことを思えば、氏郷らの移封は、秀吉の信雄攻略の分断策戦の一環としてなされたもので、所領を与えられることにより、策戦遂行の責任を負わされたことになる。それゆえ、所領の安定のためには、当初から戦いが約束されていた。

氏郷の入部のころ、伊勢一志郡の雲出川《くもず》以北、安濃郡との境界地帯には東西にわたり、木造・戸木・新家《にのみ》を結ぶ木造氏、雲出川上流の小倭衆があって、新領主に従わなかった。なかでも戸木城の木造具康、木造城のその子具政は頑強で、すでに松ヶ嶋攻落後から始まった攻撃にも屈せず、のちには木造城を捨て、より堅固な戸木城に合流し、抗戦を続けていた。戸木城は南は雲出川が流れ、北は深田で歩行も不自由であり、東は広野に連なるが、堀切りでへだてられ、西は谷深くして要害の城であった。そのため、まず周辺の牧・河方らの攻防が続けられていた。

氏郷は松ヶ嶋に入部すると、戸木攻落の手段として、曾原城に上坂左文・須賀城坂源左衛門・畑(八太)城生駒彌五左衛門・小河(小川)城谷崎忠右衛門を配して南より圧力を加え、安濃津の織田信包は上野城分部《わけべ》左京亮・半田神戸城中尾内蔵允・浄土寺城守岡金助・連部城家所家・林城林民部少輔を置いて北方から包囲の態勢をつくった。

これにたいし、信雄・家康は木造援助を企て、伊勢に動く気配を示していた。秀吉は書状をもって、「神戸表の敵相動くに付いて、早々注進もっとも候。その表の敵居陣候はば、出馬して討果すべく候。追々人数遣わし候」(「分部光嘉宛秀吉書状」)と織田信包を声援した。一方、信雄・家康は七月五日、伊勢にはいり、砦を浜田・四日市に築き、「その城に至り粮米相籠むべきの由存ずるの処」難風続きで行きかねるので、戸木城を「堅固に相踏《ふま》えらるべきこと肝要」であると激励している（七月十二日付「木造具政宛家康書状」）。

この伊勢出兵は、「白子まで家康人勢二万ほど打越しおわんぬ。美濃三人衆・江州日野蒲生も裏返る」、「うそ」なり（『多聞院日記』七月十日条）との誤報が伝わるほど強力にみえたが、南伊勢に進出すれば背後を秀吉に討たれる危険は十分にあった。それで家康は四日市から引き返し、十三日に清洲に帰った。その二日後には小牧山の守備兵が秀吉勢に襲われている。

そうした形勢が、いよいよ戸木城を孤立無援にした。木造父子はそれにも屈せず、七月十二日、須賀を襲って坂源左衛

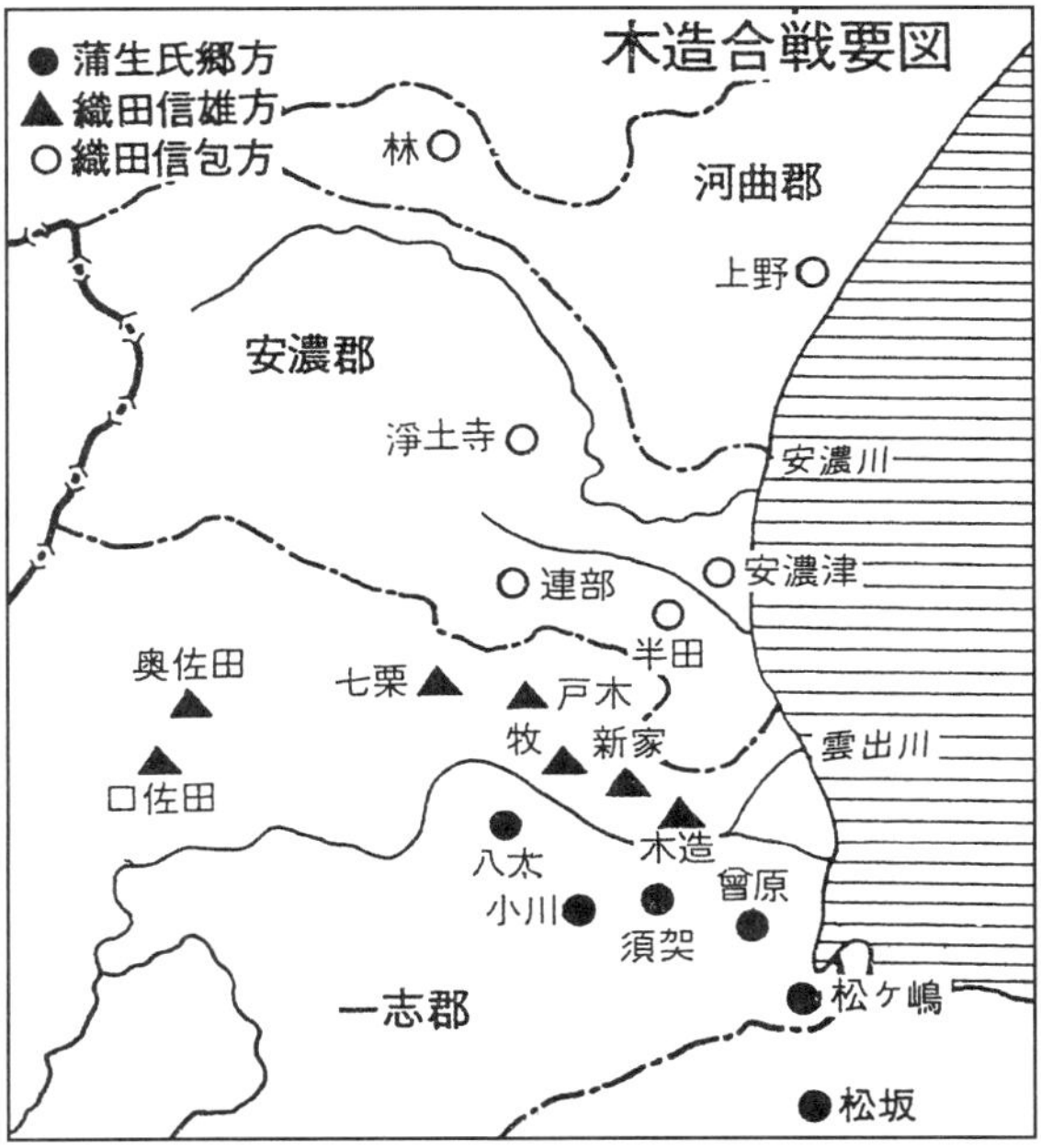

門と戦い、ついで畑(八太)の生駒彌五左衛門とも戦った。

そのころ、小倭党の一人岡村修理介が氏郷に降ったので、それを機会に氏郷は小倭の討伐を企てた。小倭は小倭七党の住地とされ、このとき、口佐田《くちさた》・奥佐田城に拠って新領主の支配に抵抗していた。氏郷はまず口佐田を攻めた。『氏郷記』では、この戦いを九月にかけ、菅瀬合戦と日付けが逆転している。しかし、多くの書は八月としているので、ここでは『勢州軍記』や『勢州兵乱之記』などを参考にして述べると、つぎのようである。

氏郷はまず口佐田に押し寄せ、城の塀際まで攻めつけて乱戦になった。蒲生勢は諸方を破って攻め入り、城主吉懸入道を蒲生の士八角《やすみ》内膳が討ち取った。城の大将盛長越前守は城中に引き退き、城主の子吉懸市之丞も、かろうじて攻撃を逃がれ城中に退却した。

一方、奥佐田城は上坂左文・坂源左衛門・関勝蔵らを先手として攻撃した。時に、さきに信雄により伊賀に追われていた北畠具親は籠城軍の苦しみを知り、仲介を入れた。そこで口佐田も、また奥佐田の城主堀山次郎左衛門も城を開いて降伏したので、ここに小倭は平定された。

小倭党は過去に伊勢国司家に属していた。その縁故により具親の説得に服したものと思われる。具親はこののち氏郷に寄宿し、再興を志していたようであるが、間もなく死去して、その望みも空しくなった。

対峙しながら、断続的に戦いをまじえていた木造勢は、九月十五日、菅瀬に出て氏郷と戦っている。

氏郷は松ヶ嶋城中に月見の宴を設けていた。しかし、その間にも城の前面に兵を伏せ、木造勢の出動をみたら、合図に鉄砲を撃ち、貝を鳴らすことを指示していた。

木造では月明りを利して田を刈り、糧米を得ようと小川付近まで出てきた。それを見つけた蒲生勢は鉄砲を撃ち、弓を射て攻撃を加えたが、寡兵のため破られた。その間に、木造勢は菅瀬まで引き揚げた。

合図の音を聞いた氏郷は、ただちに鎧をつけ、まっさき駆けて飛び出した。おいおい馳せ合う兵とともに小川に着いてみると、敵ははや菅瀬に引き取ったことを知ったので、ただちにそれへ駆けつけ、攻めかかり、激戦を交えた。

氏郷はかねて稲妻《いなずま》・小雲雀《こひばり》の二匹の馬を秘蔵していた。出陣のとき、篠田勘介の勧めで小雲雀にうち乗り、戦場に馳せつけたといわれる。氏郷は大坪流の馬術をきわめ、中堀家の槍術にも優れていたので、小雲雀を自在に乗り回し、敵を突き伏せ、踏み倒して戦った。満月の夜に、銀の鯰尾《なまずお》の冑はよく目だったためか狙撃された。のちに調べて見ると、三つ鉛玉のあたった跡が見られた。木造勢の中でも勇敢な中川少蔵という士は、三度まで氏郷に駆け合ったが、二度は近臣にさえぎられ、三度目は小雲雀の駿足におくれをとって、戦いを交えることができなかったといわれる。氏郷の奮戦に競いたった蒲生勢は、しだいに木造勢を圧倒し、木造父子の主力と頼む兵四十数人を討ち、数多の雑兵を打ち果たしたので、木造勢は敗れ、戸木城に逃げ入った。その後は籠城に時をかせぐだけで、目だつ戦いもなかった。

菅瀬合戦に示された氏郷の勇気を、「氏郷は軽き大将なり。運ありて即ち敵に勝つ。もし利を失わば大将たらざるの難なり」(『勢州軍記』)と評するものもある。しかし、伊勢制圧に「太閤御眼力相違なく御奉公」することは、また所領の安定につながることである。一瞬の好機をとらえ、木造勢を撃滅することに、武勇を「家職」と志す氏郷の血はたぎり立ち、先駆けに士気の鼓舞をはかったものと思われる。

秀吉は、その間にも伊勢平定を進め、信雄を窮迫させる策戦を続けた。信雄領伊賀には脇坂安治をもって兵を進め、国人を利用して滝川雄利を攻めて、これを追った。一方、十月二十五日には伊勢神戸に兵を入れ、先に家康・信雄の設けた浜田・四日市(三重郡)の砦に南から圧力を加え、浜田城に伊賀を退き入城していた滝川雄利を囲み、刈田を行ない食糧を絶って攻めつけた。

浜田から北に進んだ経過を、秀吉はつぎのように伝えている。

(前略)羽津・萩原・泊・河尻(以上三重郡)四ヵ所に取出《とりで》丈夫に出来《しゅったい》候。猶も押詰めなすべく、羽津に至り昨日馬を寄せ、今日桑名表へ相動き、桑部(桑名市内)・柿多(三重郡)の構え相拘《とら》え候条、則ち乗取り、縄(生)尾(三重郡)・桑部両所に普請申付け候。(十一月六日付「加藤茂勝宛秀吉書状」)

十一月の初めまでには三重郡の北部に進出し、羽津・萩原・泊・河尻の四ヵ所に砦を構えさせ、六日には桑名を指呼の間に望む桑部・柿多を占領し、縄生《なおう》・桑部に砦を築き、縄生には蒲生氏郷を、桑名には蜂須賀正勝を守将と定め（『太閤記』）北伊勢五郡を席巻《せっけん》し、桑名攻略の態勢を整えた。十二日には、氏郷を先手として縄生より兵を出し、桑名の南町屋川まで進出し、示威ののち、縄生に引き揚げた。桑名城からは、縄生山麓に小屋をかけ、毎日砦普請のさまが見られたと伝えている（『尾州表一戦記』）。

秀吉は縄生城で越年し、諸城を整備したのち、桑名を攻め、ついで長島攻略を企てていたようである。神経をすりへらした信雄はたまりかね、十一日ごろから講和の意を示し、無条件にて「秀吉次第たるべき由」を願ったので（十一月十一日付「津田小八郎宛秀吉書状」）、和議が成立することになった。十五日、秀吉は桑名において信雄と会い、信雄および重臣より人質を差し出すこと、北伊勢四郡を割き、今度構えた諸城を敵味方とも破却すること、尾州犬山（犬山市）・河田（葉栗郡）二城に秀吉勢を入れ、他の新儀の城をすべて破却すること、家康もまた実子（秀康）と石川数正を人質に出すことなどの条件を承諾させた。家康は清洲にいたが、信雄が単独で秀吉と和議を結んだ以上、織田家支援の名分も消えたので、そのままに岡崎に帰った。

信雄の降伏により、伊勢の所領も確定した。木造氏の籠城の意義も失われたので、一身田専修寺門跡堯慧上人の勧めに従い、戸木城を開き、尾州清洲に退城した、このとき氏郷は、離散した木造氏の旧臣のうち、勇士を選び召し抱えたといわれる。

北に西に

秀吉と信雄・家康の対戦は尾を引いて、紀州根来《ねごろ》・雑賀《さいが》一揆や、越中佐々征伐を誘発した。それについて氏郷の征戦の旅も西に北に続けられた。

はじめ、信雄・家康は秀吉を大坂に牽制する目的で、根来・雑賀一揆を誘った。根来一揆は真言宗根来寺の僧兵で、「日本の諸侯が都附近の国に於て戦う時は、此坊主を雇傭する。彼等は甚だ戦争に巧で、常に練習し、火縄銃及び弓矢に達している」(『一五八五年の日本年報』)といわれ、信長の時代から叛徒に与《くみ》し、反封建的な戦いに参加していた。雑賀一揆は一向宗門徒であり、石山本願寺一揆の場合、その主戦力であった。

根来・雑賀一揆は信雄の誘いに応じ、秀吉が尾張に向かって大坂をたった三月十八日に兵を発し、二十二日に中村一氏を和泉岸和田城に攻めたが、そのときは撃退された。

秀吉は信雄を屈服させ、家康と和を結んだ翌天正十三年(一五八五)に、根来・雑賀一揆の討伐を決意し、三月二十日に先手を出陣させ、翌日みずから出馬して岸和田に入城した。一揆は和泉南部に進出し、中村・沢・田中・積善寺《しやくぜんじ》・千石堀《せんごくぼり》などに出城を築き、これを迎えた。氏郷の攻囲したのは田中城である。

二十一日に秀吉は千石堀・積善寺・沢城を攻め、千石堀をその日のうちに攻め落とした。城内に籠る根来法師は鉄砲の上手で聞こえ、この日の戦いに、堀は討たれた攻め手の人馬の死骸で埋まったといわれるが、根来法師もまた全滅して落城した。それを、イエズス会のパードレ・ルイス・フロイスはつぎのように伝えている（『一五八五年の日本年報』）。千石堀の「城内には雑賀及び根来の最も経験のあり、又勇猛な戦士千五百人の外に四、五千人即ち老人・女子及び小児がゐた」。攻撃が開始されると、「城兵は善戦して羽柴軍の約三千人を殺し、これを退却せしめた」。救援隊の来襲に対しても、「非常な勇気を以て戦い」、三千余を殺した。秀吉はみずから指揮したので「兵士は槍によって登り」、城に侵入した。秀吉は「人も動物も一切助命せず、悉《ことごと》く火と鉄とにまかすべしと厳命したので、城はただちに焼かれ、人も犬も馬も脱出せず、一人も免れる者なく、六千人以上死した」と、宗教的な団結の強さと、それに対する秀吉の仮借しない戦いの態度を物語っている。

その日のうちに「百姓持ち」の畠中城を、翌日から二十三日にかけて根来衆の積善寺、雑賀衆の沢城を落とし、根来寺に侵入し、それを焼いた。その日、早くも先手は雑賀（和歌山市内）にはいり、在々所々に放火して攻めつけた。一揆の籠るもっとも頑強な太田城（和歌山市内）は四月二十一日から水攻めにして翌日これを降し、一方、紀伊日高郡小松原の湯川直春を討たしめ、五月三日、由良寺に放火して討伐を終わった（『宇野主水日記』）。

他方、越中の佐々成政は、小牧対戦のころ、越中より立山を越え、東美濃に出て信雄・家康と相談をかわし、北国を切り従えることを約して帰り、加賀に策動し始めた。それに対し、秀吉は前田利家に書を送り、成政の侵入にも「聊爾《りょうじ》（かりそめ）なる働御無用に候。うちば（内場）に相構えられ、越前守（丹羽長秀）相越され候を待たるべき義、専用に候」（天正十二年九月八日付「前田利家宛秀吉書状」）と、自重をうながし、丹羽長秀を派遣するについて、それと相談して事を決すべきを命じた。しかし、前田利家は越後の上杉景勝と結び、東西呼応して成政を討つ策をたてている。

秀吉は天正十三年（一五八五）八月上旬に越中出兵を企て、まず徳川家康を東国の押えに頼むとともに援兵を請い、みずから大軍を率いて越中に攻め入った。蒲生氏郷もまたその陣中にあった。

これに対して、成政は倶利伽羅《くりから》峠の左右に三十六ヵ所の砦を築き、木船・守山・増山・富山を根城として防戦につとめたけれども、頼む信雄や家康は敵陣中にあったので、大軍には抗し得ず、二十九日に髪をそり、黒衣を着け、小者一人を召し連れ、秀吉の軍門に降った。

秀吉は越中を奪い、それを利家の子利長に与え、富山城を破却し、成政の命は助け、そのかわりに人質として大坂へ送ることとした。閏八月七日、加賀に引き揚げた秀吉は北国を巡視し、閏八月二十七日に大坂に帰城した（『宇野主水日記』）。

これより先、天正十一年（一五八三）十一月一日、毛利輝元は人質を送って秀吉に従い、越中出馬の直前に四国土佐の長曾我部元親もまた羽柴秀長によって降ったので、秀吉の統一事業も、ちゃくちゃくと進展していたのである。

秀吉は四国討伐のころから、進んで九州の攻略をも考えていた矢先、天正十四年（一五八六）四月、かねて誼《よしみ》を通じていた豊後の大友宗麟《そうりん》が大坂にきて、島津氏の豊後侵入を訴え、その討伐を請うた。これまでに薩摩・大隅・日向三国を手中におさめていた島津義久は、北上して豊後を侵し、肥後・筑後の諸将を帰属させた。ついで秀吉西下のうわさを知ると、既成の事実をつくるため筑前に侵入し、岩屋・宝満《ほうまん》・立花《たちばな》の三城を攻め、七月に前二城を落とした。岩尾城主高橋紹運と立花城主立花統虎《むねとら》はともに使者を送って、その旨を秀吉に報じ援助を求めた。この両度にわたって、島津勢の近況を知った秀吉は、ついに西征を決意した。

秀吉はまず中国の毛利・吉川・小早川諸氏に令して関門の守備と筑前への出兵を命じ、ついで四国の長曾我部元親をして豊後府内にある大友宗麟を援助させ、みずからは翌十五年（一五八七）の春に出陣することを定めた。

天正十五年正月一日、諸国の兵を募った秀吉は、第一陣を正月二十五日に出発、以下五陣までを日ごとに発向させ、秀吉本軍は三月一日に大坂を発した。蒲生氏郷は二月二十五日に軍役が定められ、三分の一役として千五百人を率い、秀吉に供奉して西下した（『当代記』）。

三月二十八日、関門海峡を渡って小倉城にはいった秀吉は、弟羽柴秀長に豊後から日向・大隅へ支軍を率いて進むことを命じ、みずからは秋月を経て南下すべく、翌日には馬ヶ嶽《まの》に移った。三十一日に秋月を攻めるため、羽柴秀勝・蒲生氏郷・前田利家の三隊をもって、その東北、筑前・豊後境にある巌石城《がんじやく》を監視させた。

巌石城は秋月氏の支城で、その将熊井久重・芥田六兵衛らが兵三千をもって守っていた。秋月氏は島津氏に隷属していたので、その秋月氏を攻めるには、巌石城が側面の脅威となるのである。そこで秀吉は部下の一万三千の部隊をもって攻撃を命令しようとしたが、監視隊の三将より攻撃を命ぜらるべき懇請があったので、これを許した。その配置は第一隊蒲生氏郷二千余、第二隊は前田利家三千余、予備隊は羽柴秀勝五千余、計兵一万余である。

四月一日の早朝三将の隊は城下に迫り、追手の第一隊は添田《そえだ》から、搦手の第二隊は赤村から同時に攻撃を始めた。

氏郷は、あらかじめその日の軍《いくさ》奉行を左一番上坂左文、右一番谷崎忠右衛門、左二番本多三彌、右二番横山喜内と定め、一騎がけを禁じ、組として戦うことを指示していた。

城兵はこれに応戦して、弓や鉄砲を乱射して防いだが、蒲生勢は矢弾《やだま》の危険をおかして三の木戸まで攻め破り、城門に肉薄した。

このとき、秀吉はすでに巌石城下の丸山に陣を定め、戦いを望み、しばしば使を出して各隊を励まし、先手の疲れをみて、その入れかえを命じた。攻手はこれを督励と考え、攻撃の度を加えた。

蒲生隊の左二番奉行本多三彌は、われを忘れて城際まで先駆けして敵を討ち取った。それにつられて上坂左文・横山喜内もまた城際まで進んで戦ったが、その軍規を破る行為を怒った氏郷に呼びもどされて退いた。

先陣をうけた坂源次郎は、矢弾の中をかいくぐり、白の吹貫《ふきぬき》を持たせて城門に迫り、一番乗りして城中に吹貫を立てた。その吹貫は矢弾に射られ、網の目のようになっていた。それに続く寺村半左衛門は黒の吹貫を持たせ、城中に駆け入って一番首をあげれば、前田隊の兵も二番に続き、太田喜藤太・松平久兵衛らが突入した。

乱戦になって昂奮した氏郷本陣の兵のうち、岡左内・西村左馬允・岡田半七ら五、六人は、法度を破って攻め戦い、おのおの功名をたてた。

氏郷は部下を指揮して奮闘し、城中に乗り入り、二の丸に迫った。前田隊もこれに呼応して追撃し、ともに風上に火を放って攻め立てた。二の丸も破れ、本丸も落ちると、あわてた城兵は塀を乗り越え、垣をくぐって逃げたが、山城のことであり、逃路を失って搦手に向かった。搦手に回っていた関一政はこれを待ちうけ、追撃してきた蒲生隊とともに、これを殲滅《せんめつ》した。

この戦いに城将久重および六兵衛は討ち死し、蒲生隊に討たれた者の数は四百余人にのぼったといわれた。

秀吉は、ただちに氏郷・利家に感状を与え、つぎに殊功のあった坂源次郎に金子百疋・羽織一枚、寺村半左衛門に金子十疋・羽織一枚、太田喜平次・松平久兵衛に金子十疋を賞与してその功に報いた。

氏郷もまた将士の軍忠に賞罰を行ない、特に坂源次郎には「今度九州岩酉(巌石)表に於て比類なき働にて目を驚かし候」について、銭二百貫を贈るとともに、「向後いよいよ法度を守るべき事専用に候」と誡めた（『近江蒲生郡志』）。それに反して、先駆けの功名はあっても「法度」を破った本多三彌を勘当し、岡左内・西村左馬允・岡田大介・岡半七ら五、六人に暇を出して牢人させ、軍紀の厳正さを徹底させたのであった。

落城の翌二日、秀吉は兵をあわせて筑前にはいり、秋月城を降して筑後に進み、途中で氏郷に久留米城を築かせてこれを守らせ、さらに南進して諸城を従えた。

東西から南下する大軍に敗れて窮した島津氏は、ついに秀長によって降伏を申し出たので、五月三日に秀吉はこれを許し、全軍に休戦を令した。ついで戦後処理にはいり、五月二十七日、薩摩にあった諸軍を引き揚げ、みずからは筑前箱崎にたち寄り、二十日あまり滞在したのちに出発して、七月十四日、大坂に凱旋《がいせん》した。かくして秀吉は九州平定の宿願を達成したのである。

松坂移城

天正十二年（一五八四）六月十三日、蒲生氏郷の近江日野より伊勢松ヶ嶋に移城したことは、すでに前に述べた。その九月付けの『知行割目録』はつぎのとおりである。

その所領は十二万三千百五十五石であるが、「飛騨守自分」領と「与力」領とを含んでいる。その

知行割目録

事項		他領主分蔵入高	蒲生飛驒守自分領	与力領
壱志郡	六二、八六六・八六石	内、北に付ける 三〇、〇〇〇石 民部少輔殿自分 三、〇〇〇 榊原 二、八〇〇 藤方 五〇〇 長野左京 五〇〇 水谷 三、〇〇〇 河北左助 (無軍役)二〇〇 垣川次助	内、松ヶ嶋廻より、たけ谷まで北に付ける。算用次第 二二、八六六・八七石	
飯高郡	二八、一五九・六		二八、一五九・六	
飯野郡	一六、三二〇・三八	一〇、〇〇〇 蔵入 上部越中	三〇、四二八・四	
多気郡	二四、一〇八・〇二			
渡会郡	二八、七〇〇・九七	一〇、〇〇〇 九鬼	三、七〇〇・九七	田丸 一五、〇〇〇石
合	一六五、〇五五・八五	六〇、〇〇〇	八五、一五五・八三	
(鈴鹿郡亀山)				関 本地分 八、〇〇〇
河曲郡神戸の内				同 新地 二、〇〇〇
大和宇多(陀)郡一円に飛驒守に遣わす内				沢・秋山・芳野 一三、〇〇〇
合		六〇、〇〇〇	八五、一五五・八三	三八、〇〇〇
飛驒守自分与力共に			一二三、一五五石	

注　原本数字に誤りがあるのか、計にくいちがいがある。

うち与力分の田丸具直一万五千石、関一政本・新地分一万石、および大和宇陀《うだ》の沢源六・秋山右近将監・芳野宮内分一万三千石、あわせて三万八千石は、その石高の支配権はなく、ただそれらを従属させるだけの権利であったから、氏郷の「自分」領は八万五千百五十五石余となる。その内容としての軍役高と無役高の割合は明らかでない。

その所領は壱志郡のうち、雲出川流域南部と飯高・飯野・多気郡にまたがり、渡会郡の一部を合わせ、ほぼ過去の伊勢国司家の支配地を含んでいた。大和宇陀衆を与力として従属させるのは、国司家の伝統をそのまま継承したものと思われる。

また自己の蔵入地の分布、ならびに石高なども明確さを欠くが、それを設け、他を給人に分地したことはつぎのことでも知られる。

三瀬の谷中川小屋方の儀、直務に申付け候。今度付け給し候寺庵の儀、急度引取るべきの条、給人中へ申渡さるべく候。以上。

九月八日　　　　　　　　　　　　　　　氏郷（花押）

町野左近助どのへ

小川佐渡どのへ

安養寺清兵衛尉どのへ

小村左五衛どのへ

（『近江蒲生郡志』）

「直務」とあるのは蔵入分を意味する。また給人の地方《じかた》知行の形を日野の時期に例をとってみると、天正十一年（一五八三）八月二十二日付けで、西村重就《しげなり》に神崎郡御園《みその》郷岡田村のうち百石を与えているから（『杜本志賀文書』）、そのころは石高制をとったものといえる。しかし、松ヶ嶋に移ったのち、天正十二年（一五八四）十月十六日付けで、同じ西村重就あての知行目録では、伊勢飯高・一志両郡のうち山室・次叶（ママ）で二百貫を宛行い（「同前」）、また、同じときに儀峨忠兵衛尉あてに飯高・飯野郡のうち八百貫を給する知行目録を与えているので（松江「蒲生文書」）、伊勢では貫高制をとったことがわかる。このころまで近江国は石高制をとったのに対し、伊勢・尾張地方では貫高制をとっていたといわれているから、おのおのの地方における慣習に従ったものといえよう。

しかし、九州平定後、伊勢でも検地が行なわれ、氏郷領は打出《うちだ》し分もあって十六万石に改められた（『氏郷記』）。そのころから、貫高制を石高制に改めたようで、天正十七年（一五八九）九月一日の蒲生三河入道あての知行目録には、高町屋肥留（ママ）のうちに百石を宛行うことが明記されている。

氏郷は天正十三年（一五八五）ごろに賦秀《やすひで》の名を氏郷に改めた。その年の七月十一日、秀吉が関白に任ぜられたので、「秀」の諱《いみな》を避けたものであろうか。翌年の十一月七日、後陽成《ごようぜい》天皇の即位のとき、秀吉は豊臣姓を賜わり、有功の諸大名にも除目《じもく》が行なわれ、氏郷は従四位下侍従に任ぜられた。このときから氏郷を松ヶ嶋侍従と称した。

天正十五年（一五八五）、秀吉は大坂に凱旋後、功臣に羽柴氏を与えたが、氏郷もまたそれを受けた一人である。ついで豊臣姓も与えられたものか、天正十六年、後陽成天皇の聚楽第《じゅらくだい》行幸のとき奉った誓書には、松嶋侍従豊臣氏郷の署名がみられる。これにならって氏郷もまた家臣に蒲生の姓と、片《かた》諱《いみな》の「郷」字を与えた。そのおもなる者はつぎのとおりである。

一、姓・片諱を与えられた者

赤坂隼人	蒲生四郎兵衛郷安	近江佐々木牢人
上坂左文	蒲生左文郷可	柴田勝家牢人
上坂源之丞	蒲生五郎兵衛郷治	右に同じ
坂源次郎	蒲生源左衛門郷成	右に同じ
横山喜内	蒲生喜内頼郷	近江佐々木牢人
上野田主計助	蒲生主計助郷貞	一家

二、姓を与えられた者

儀峨忠兵衛		一家
林五郎作	のち、内蔵允	右に同じ
小谷越中守		右に同じ
後藤千世寿	蒲生千世寿	近江佐々木牢人
谷崎忠左衛門	蒲生忠左衛門	尾張滝川一益牢人

生駒彌五左衛門　蒲生彌五左衛門　右に同じ
安藤将監　　　　蒲生将監　　　　美濃、安藤伊賀守弟
本多三彌　　　　蒲生三彌　　　　徳川の臣本多正信弟

なお譜代には姓を許さなかった。

これらによって知られることの第一は、松ヶ嶋移封によって、いわゆる一家・紋の内・家子郎等に新たに給地を恩給した。それによって、長い歴史に培われたそれらの農民支配を除去し、土豪・地侍的性格を新しい支配機構の中に解消したことである。

第二には、「侍の本は武勇あるものを抱え、武勇の誉れさえ候えば、立身疑いこれ無きもの」（「伊藤祐盛宛氏郷書状」）との覚悟にもとづき、豪勇の牢人を多く召し抱え、「知行と情とは車の両輪・鳥の翅《はね》」として、有功の士を厚く遇し、門閥や伝統にとらわれず、家臣団の再編成を行なった。また、有功の臣に姓を称するを許し、片諱を与えるなど、擬制的な血族意識を高揚し、その忠節と奉仕に期待したことである。

また氏郷は領内社寺の保護と支配にも留意し、移封後間もなく、伊勢の大神宮御師北監物太夫・福島五郎兵衛に諸役を免除し、家臣の町野左近と御師上部越中とを山田奉行に任じ、神宮や神領の管理にあたらせ、斎宮に下四郷の諸役を免じ、田辺郷の御供米田一町三反を寄進した。また天正十三年（一五八四）には有爾《うに》郷（多気郡）に神供役人五人を定め、土器調進料として七十石を寄進した（山田

勘蔵「蒲生氏郷小伝」)。

多気郡丹生泊瀬《にうはせ》寺は大和泊瀬（長谷）寺の十一面観音自在菩薩の衣木一体分身の観音を祀る霊境として知られていたが、伊勢南五郡の織田信雄領が秀吉に没収されたとき、他の寺社領とともに闕所《けつしょ》となり、荒廃していたので、氏郷はその修理料として山林を寄進した。その他の寺庵にも寺領を給したことは前に記した。

氏郷は天正十六年（一五八八）四月、後陽成天皇の聚楽第行幸に侍し、和歌会にも連なり、このとき、正四位下左近衛少将を拝任した。この年、松ヶ嶋より松坂に新城を築いて移ったので、これよりのちは松坂少将と呼ばれた。

松ヶ嶋の西南、坂内川と愛宕川にはさまれた低地に小丘があって、四五百森《よいのもり》といい、もと国人潮田氏の城があった。氏郷は、この地を松ヶ嶋より広く、船江の港に続いている要害の地として選び、城を築き、天正十六年（一五八八）八月四日に完工して移城した。ついで、その土地を「松ヶ嶋に在城ありしより一段と仕合《しあわせ》能く、初月の宵々に光を増させ給うが如くなられしかば、兎角《とかく》我れには松の字吉相なり」として松坂と改めた（『氏郷記』）。

その規模を『松坂城町絵図下帳』によって見るとつぎのようである。

本　丸　南北九十間（約一六三・六メートル）東西四十六間四尺（八五メートル）三重の天守、敵見・金の間・太鼓・月見・遠見の各矢倉、表門・多門など十一棟。

二ノ丸　南北百二十間四尺（二一九・四メートル）東西九十七間（一七六・三メートル）玄関・広間・書院・寝間・料理間・上台所・下台所・ふろ屋・鷹部屋・馬屋。

三ノ丸　南北三百二十九間四尺（五九九・四メートル）東西二百七十間（四五〇・九メートル）。

堀の総延長　十九町三十九間半（二一四四・五メートル）。

この壮大な城を築くため、巨石や木材を寺社に求め、丹生神宮寺、御糸の両機殿、朝田寺などの木を切り、飯福田寺は堂塔まで持ち去られたといわれる。その城郭には近世的な構造が見られ、大手門・搦手《からめて》門から城内への通路は石垣に囲まれた屈折路となり、氏郷が築城にも関心の深かったことが示されている。

町割りは城の北東より南西にかけて弦状になされその内縁に侍町、外縁に町人町を割り付けた。侍町は堀の内に大身を、堀の外回りに中・小身の侍屋敷を割り付け、家中の武士を居住させた。町人町の根幹は本町・中町・日野町・平生町をつらぬく道路であって、元海岸づたいにあった参宮街道を西に寄せ、貫通させたものである。道路は所々に直角状の屈曲を設けて遠見の自由を防いだ。

古俗の踊《おどり》歌に、

伊勢の松坂毎着《いつ》（来）て見ても、褌《ひだ》（飛驒、すなわち蒲生氏郷）の取り様《よ》で襠《まち》（町）悪《わる》し。

とあるのは、その姿を意味したものといわれる（『松坂権輿雑集』）。

城下町経営の方針は松坂町に下した氏郷の「町中掟」に示されている。

蒲生飛騨守町中掟の事

一、当町の儀、十楽たるの上は諸座・諸役免除となすべし。但し油の儀は各別《かくべつ》のこと。

一、押売・押買、宿々押借り停止せしめ訖《おわ》んぬ。幷に科《とが》人町へ預け置き候事申付くべからず、但し科の軽重、その時に至りては各別のこと。

一、喧嘩口論堅く停止《ちょうじ》せしめ訖んぬ。借屋のもの仕出し候とも、家主にその科《とが》懸くべからず。往還の旅人・下々のものたりとも壱人の曲事となすべし。

一、天下一同之徳政たりとも、当町においては異議あるべからざること。

一、殿町の内、見せ棚を出し商売の儀は停止せしむること。

一、しち物の札は月日の限り書付次第たるべし。幷に鼠喰い・ぬれ質・われ物・火事の儀は置主損たるべし。但し盗人に致され候こと歴然においては、本銭をもって一倍蔵方よりこれを弁ずべし。うしない申す質物は本銭を一倍蔵方よりこれを弁ずべし。右のうせもの後日に出ずるにおいては、勿論蔵方え取る可く、あけ越しも一倍にてこれを弁ずべし。札の書き違いこれあらば其の違い程蔵方よりこれを出すべし。但し其の日はせ過るにおいては違乱を相止むべきこと。

一、盗物之義、その旨趣を知らず、如何様のもの買取るというとも、買主これを存ぜざるは、其の科あるべからず。万一彼盗人引付においては右の本銭返付すべきこと。

一、町中へ理不尽のさいそく停止せしめ訖んぬ。但し奉行え相理わり、糺明の上をもって催促を入るべきこと。

一、当町の内奉公人の宿停止せしめ訖んぬ。但し五日、十日の間は各別のこと。

一、松ヶ嶋において、百姓の外、町人相残り居住の義、一切停止せしむること。

一、火事の義、付火においては亭主にその科懸くべからず。自火に至りてはその身一人追放すべし。但し時の躰により軽重あるべきこと。

一、町中において誰によらず刀をぬき猥りの輩《やから》これあらば、理非に及ばず町人として取籠め註進すべし。普請の事免除せしめ訖んぬ。但町中の義申付くべきこと。(注)

右の旨町人中へ申聞すべきもの也。

天正十六年十一月晦日　　　羽柴飛驒守（在判）

町野主水佐殿

北川平左衛門殿

外池甚五左衛門殿

この「町中掟」を、前に氏郷が日野町に下した「掟」と比較すると、数ヵ条を除いたほかは大差がない。その中で特に注意されるのはつぎの諸点である。

「町中掟」の中に松ヶ嶋の百姓を除き、町人の残留を禁じ、ことごとく松ヶ嶋移住を命じた条項がある。その目的は新しい城下町松坂の経済的発展を計るにあった。松ヶ嶋よりの移住商人の中には、かつて日野から氏郷に従い移った者も多かった。そのことは、つぎの事実に明らかである。氏郷の移封後、日野町では「当御城下甚だ衰微に及び、衆民或いは松ヶ嶋へ蒲生家を慕ひ引越し候者もこれあり、或いは諸方へ離散仕り候者も少なからず」として、その再興策を秀吉に懇願した（『近江蒲生郡志』仁正寺村「御黒印弁書」）。これに対し秀吉は、日野町に「掟」七ヵ条を下し、町人の松ヶ嶋移住を除くほか、他への移住を禁止した（『前同』日野町「西田文書」）。

松坂に日野町が設けられたのは、そうした移住日野町人を居住させるためであった。日野町では畳表・蚊帳などを売買させ、日野町人角屋源右衛門や衣屋与兵衛などを重用し、町役金歩の徴収などにあたらせた。

また「町中掟」には「殿町《とのまち》に見せ棚を出し」商売することを禁じた。「殿町」というのは侍町のことである。松坂城には侍町を設けるような外郭《そとくるわ》は見られない。しかし、侍町での「見せ棚」商売を禁止することは、近世的城下町として未完成の点があるにしても、侍町のもつ政治的・軍事的機能と、商品流通にたずさわる町人町の経済的機能とを区別したことであって、整備された近世的城下町の萌芽を示すものといえよう。

町人町は参宮街道を中核とし、楽市による商業の自由を認め、練達の日野商人を得て領内経済の中心たらしめ、鍛冶町・職人町に手工業者を居住させて、自給経済の確立をはかるなど、領内経済の統制と支配を意図したのである。

なお、封建的支配の確立に関連して、氏郷とキリシタンの問題に留意する必要がある。氏郷は天正十三年（一五八五）に大坂で受洗してレアン（Leão）の霊名を称したといわれる。その時期は、パードレ・ルイス・フロイス（Padre Luis Frois）の書いたこの年八月二十五日（旧暦八月三日）付けの『日本年報』によると、その年「戦争より還ってカテキズモの説教を聴くため、時々大坂の聖堂に来り、聴き終って一切を明にし、聖洗礼を受けた」のであるから、根来・雑賀一揆討伐後のことでなければならない。

このころはまだ伝導の自由があった。布教にあたっていたイエズス会（耶蘇会）では、京都・高槻・大坂・堺に聖堂を設け、それぞれ一人ずつ神父が駐在し、京都にいたパードレ・オルガンチノ・ソルヂ（Padre Organtino Soldi）が長老として管理していた。高槻は高山右近の居城地で、右近は早くより篤信のキリシタンとして知られていた。氏郷の受洗は、その勧めによるものといわれる。このころ入信した大名には、氏郷のほかに小西行長・黒田孝高《よしたか》・羽柴秀勝・中川秀政らがある。

イエズス会の巡察使として日本にきたことのある、パードレ・アレッサンドロ・バリニヤノ（Padre Alessandro Valgnano）は、日本の大名の入信の型を、九州の諸大名に見られるように外国貿易の利潤追及の目的から信仰にはいる者と、都の大名のごとく理性にもとづく判断から入信する者との二つに分けている。氏郷の受洗は貿易の可能性から考えても、たびかさなる聴聞の結果とすることからみても、後者の立場に立ったものといえよう。

ただし、理性にもとづく信仰といっても、その内面的な問題は、個人によってまた別である。ルイス・フロイスは氏郷の入信の記事に続けて「彼は数日前伊勢国に帰ったが、彼は同国の半を領し、領内にある数十万の人を悉くキリシタンとなす方法を講ぜんと決心し、会よりパードレ（神父）及びイルマン（法弟）を求めている」と報じ、氏郷が自己の入信を機会に領内のキリシタン化を企てたことを伝えている。

伝道の報告を見ると、多少の誇張はあるにしても、この期の下層農民の信仰は、俗信に支配される傾向が強かったようである。また大名領内には、仏教と結びつく旧勢力が残存し、封建的支配の障害となった場合も多かった。そうした情勢の中で領内のキリシタン化をはかることは、農民の一円支配を急ぐ大名にとって、自己を頂点とする同信の縁に結ぶことであり、政教二面にわたって封建的支配の強化に役だつのである。

氏郷の場合も、領内キリシタン化を意図した点に、そうした心理がはたらいていたとしても、それを否定する材料はない。しかし、教会は「働く者の欠乏のために、大なる門戸と機会とを空しくする」ことを嘆く状態では、その意志にこたえることはできなかった。また神は「天照大神を破壊せしめ給うであろう」ことを期待したとしても、「此事は甚だ緩々《ゆる》でなければ行うこと能わず。日本諸国に於て尊崇せられ、多数の巡拝者絶えぬ故、大なる思慮を要するであろう」と反省するように、伊勢国内のキリシタン化は困難であり、氏郷は、かえって大神宮の保護政策をとらざるをえなかったのである。

そののち、氏郷の積極的なキリシタンとしての態度に接することはできない。天正十五年（一五八七）六月、秀吉は伴天連追放令を公布し、給人のキリシタンとなることを禁じた。そのとき以来、氏郷の信仰は内面的なものに転化したようである。

文禄元年（一五九二）、朝鮮出兵のため名護屋にきたとき、氏郷は二回にわたり長崎に行き、バリニヤノを訪れ、追放令によって破壊された聖堂を見て不満を示し、家臣に対し、つぎのように語った（ルイス・フロイス「日本書翰」）。

われは吉利支丹《きりしたん》なるが、関白殿これを許したまはざれば、わが心のうちを打ち明くること能《あた》はざりき。されどわが領地にては人々をこの宗門に入れむと欲しき。唯人の苟且《かりそめ》に吉利支丹となることをば望まず。

この言葉の中に、氏郷のキリシタンとしての態度が示されている。

キリシタンに関連して、氏郷は天正十二年に使節をローマ法王のもとへ派遣したとの説がある（『蒲生家記』）。しかし、この段階でヨーロッパへ使節を派遣するためには、イエズス会の援助を得てポルトガル船を利用するほかに、渡航の方法はなかったはずであり、そのことはイエズス会の諸報告にも明徴がなく、否定すべき伝承である。

りはつ人

風雅の道

永禄十年（一五六七）春、連歌師里村紹巴《さとむらじょうは》は富士見の旅の途中、蒲生郡石塔寺を回って日野を訪れた。

蒲生兵部大夫殿（賢秀）、智閑（貞秀）宗祇へ伝受古今の箱などの事を語りて、興行あるべきなれば、

　めぐりあひぬ種まき置し花盛《はなざかり》

嫡男鶴千代殿、深夜まで御長座ありて、酌《しゃく》とり酌とり、うたひ給へり。翌朝宗祇仁聖寺といふ所にて、

　春半《なかば》冬の梅さく深山かな

ありし木の本一見に行て、

　春半冬の梅さく山里の　苺に残れる人の俤《おもかげ》

と口ずさびて帰けるに、賢秀河原まで送り給へり。

このとき、鶴千代、のちの氏郷は十二歳の少年にすぎなかったのに、紹巴に交わり、歌をよんだと伝えている。『新撰菟玖波集《つくば》』の作家曾祖父貞秀の血をうけ、幼少にして歌の道に開眼していたのであろう。

氏郷は岐阜城主伊藤祐盛に書を与えて諭した中に、自己を反省して次のように書いている。

（前略）野拙《やせつ》若年の比《ころ》、南化和尚に親しみ奉り、儒・釈道時々尊意を得、又三条西殿右府、其の外宗養・紹巴など歌の道を執心仕り、朝け暮れ心に懸け候故か、ある時当座の会侍りしに「落花風に随う」という題にて、

雪か雲かとばかり見せし山風の　花にふきたつ春の夕暮

という歌をつこうまつりしに、各々奇特と感ぜられ候。（後略）

その文事・風雅の道への執心のさまがうかがえる。

氏郷は永禄十一年（一五六八）、織田信長のもとに人質として出され、岐阜に赴き、信長に近侍した。そのとき、岐阜瑞竜寺の住持沢彦《たくげん》（南化和南）について儒・仏道を学んだ。沢彦は信長の師事する僧であり、信長の用いた「天下布武」の印文を撰したことで知られる。

三条西右府は実枝《さねえだ》で、蒲生貞秀と親交のあった実隆の孫、三条西流の堂上風和歌の伝流を継ぐ人であった。宗養は宗牧の高弟で、紹巴とともに高名の連歌師である。

そうした当代歌壇の代表的人物に学んで、氏郷は素心をみたし、風雅の道を深めたのである。この時期になると、秀吉は廷臣として政権を握り、聚楽第を築いて京都で生活を営むなど、公家との交渉も深まった。それにつれて貴族文化への傾斜もみられ、権力を修飾する意欲もたかまり、武将の間にも歌の道に志す者が多くなった。天正十六年四月の後陽成天皇の聚楽第行幸には、和歌御会が催され、供奉した武将の多くが「松の祝」の題に和歌を寄せた。その中で、都に近い近江日野に生まれ、父祖の代から貴族文化に接触を深めていた氏郷は、ひときわめだつ位置を占めたようである。

氏郷は『中仙道の記』なるものを今日に残している。天正二十年（一五九二、十二月八日に文禄と改元）九月、征韓の役に従事するため、会津をたって、道を中山道《なかせんどう》にとり、西に向かう道中で詠んだ歌を綴ったものである。その中には氏郷の感懐がよくあらわれている。下野国についたときのことをつぎのように書いている。

いときよ〳〵ながるゝ川の上に、柳の有けるを、いかにと尋ぬるに、これなん遊行の上人に道しるべせし柳よ、といふを聞て、げにや新古今に、道のべて《（に）》清水ながるゝ柳かげ、と侍りしをおもひいでて、

今もまた流れはおなじ柳蔭　行まよひなば道しるべせよ

文中『新古今和歌集』から引用した句は、西行法師の詠めるつぎの歌である。

道の辺に清水流るゝ柳蔭　しばしとてこそ立ちどまりつれ

この歌を素材に即して、ただちに連想し、歌を詠むには、日ごろの教養と歌才がなければ、よくするところではない。惜しいことには、歌稿は伝わらず、真の力量はわからない。

ただ残された数少ない歌・詩草には悲壮な感慨の盛られたものが多い。『中仙道の記』に、那須野や浅間を詠めるものに、つぎの作品がある。

世の中に我は何をか那須の原　なすわざもなく年や経ぬべき

信濃なる浅間の嶽は南を思う　我のみ胸をこがすと思へば

あるいは文禄二年、いったん会津に帰り、鶴ヶ城天守閣にて明月を見て、

壮図豈《あに》敢て悠々に附せんや

慷慨酒酣《たけなわ》にして玉甌《ぎよくおう》を撃つ

一夜の城楼無限の感

月明らかなり五十四郡の秋

などを読めば、会津に移封されたのちに、氏郷の胸中には雄心と焦燥とが交錯しながら鬱積していた様子がうかがわれる。

氏郷の風流話には、つぎのようなことも伝わっている（『氏郷記』）。かつて織田信長の咄衆《はなし》で、今は氏郷に仕えていた種村大蔵入道慮斎の松坂の邸宅に富士山の築山が築かれた。ある日氏郷が訪ねてみると、かつて信長に供奉して見た富士山と似ても似つかぬものであった。氏郷は笑いながら硯と料

紙をもらいうけ、一首を短冊にし、築山に立てて帰った。

富士見ぬか富士には似ぬぞ松坂の　慮斎が庭のすりこぎが嶽

こうした話は他の武将についても語られている。伊達政宗が米沢在城のころ、城下の般若《はんにゃ》坊という山伏がみごとな五葉の松を持っていた。政宗がそれを所望すると、

君がため五葉（御用）といへば上《あげ》にけり　幾世経ぬらん此の庭の松

政宗は返歌して、

心経の摩訶《まか》の下なる般若坊　一切公役《くやく》無役なりけり

など、そのたぐいである。こうした話が、このころの武将にはつきまとっていた。いわば、これらは英雄説話ともいうべきもので、これをもって氏郷の歌才や、機智を評することは無理であろう。

氏郷はまた茶道に執心であり、茶人としても知られていた。

茶道への傾倒について氏郷は、「茶の湯に心がけて、是も旦夕もて遊びしに、路次の作り、飛石の居様《すえよう》、人々手本にせらるゝ様に候に候へつる」と告白している。茶の湯はもともと一椀の茶をいかにして飲むかということに始まったといわれるが、しだいにその環境に気がくばられ、器物や座敷・庭園にまで、芸術的な空気をかもし出したといわれる。茶の湯にはじまる氏郷の趣味も、そこまで発達していたことが知られる。

織田信長が初めて上洛した当時、京都の文化の基調をなしていたものは茶の湯であったから、信長

は、都で政界に君臨するには、みずからも茶の湯を学び、いわゆる数寄者《すきもの》となることの必要を悟った。永禄十一年の初上洛に、降服のしるしとして信長がうけたものに、松永久秀の九十九髪《つくもがみ》の茶入、堺商人今井宗久の松島の茶つぼ、武野紹鷗《じょうおう》の茄子《なす》茶入があった。翌年、二条城を京都に築くとき、「信長金銀米銭御不足これなき間、この上は唐物・天下の名物召し置かるべし」として名物狩りを行なったが、そのとき集めたものには、上京大文字屋所持の初花肩衝、祐乗坊所持の富子茄子、法王寺所持の竹ひしゃく、池上如慶の蕪《かぶら》なしの花入、佐野所持の雁の絵、江村所持のもくそこの花入などがあった（『信長公記』）。そうした事情は、数寄者として成長した信長の嗜好《しこう》を示すようである。

信長は政道のために茶の湯を学び、その習熟につとめただけでなく、部下の将士にも茶の湯を奨励し、武断を誇るだけでなした、礼儀作法をわきまえた品性を涵養するように期待した。

この傾向は秀吉にもうけ継がれ、彼もまた数寄者として自信をもっていた。氏郷の茶の湯も、そうした時代の空気の中で育てられ、成長したものであろう。

秀吉といえば、その興行した天正十五年（一五八七）十月の北野大茶会が有名である。「栄花満足と見たり」（『多聞院日記』）といわれるから、盛大をきわめたにちがいない。氏郷はこのとき、二番目の茶席に客入りし、秀吉の点茶したのを頂いている。

氏郷は風流で器用な性格でもあったようである。文禄二年（一五九三）六月二十三日、秀吉は名護屋在陣の徒然《つれづれ》を慰めるため瓜畠遊びを催した。そのとき、氏郷は売茶翁《ばいさおう》を装おうて好評を博した。瓜畠遊びというのは、瓜の畠をつくり、秀吉をはじめ大名たちが、商人や族僧に仮装して風流を楽しむ遊びであった。

氏郷の茶の師匠は千利久である。利久は氏郷に非常な親しみをもっていたようで、その書状には、「忠三郎公」を略して「忠公」と記したものもある。大崎・葛西《かさい》一揆のとき、氏郷の立場を心配して、「政宗、氏郷を武略、氏郷油断云々」と書き送ったこともあった（桑田忠親『武将と茶道』）。

利久の死は天正十九年（一五九一）二月のことであったが、道庵と少庵の二子は罪の連坐を恐れて出奔した。利宗久は秀吉の茶頭であり、また、「内々の儀は宗易（利久）、公儀の事は宰相（羽柴秀長）存じ候」といわれ、「宗易ならでは関白様へ一言も申上ぐる人無し」（『大友家文書録』）という秀吉の信任と権勢をほこっていたのに、いったん失脚すれば、その連累を恐れ、遺子を顧る者もなかったのである。ただわずかに長男の道庵を細川忠興が、二男の少庵を蒲生氏郷がかくまい、秀吉の許しが出るまで保護した。

少庵は氏郷の居城会津若松に三ヵ年滞在し、城内に麟閣という茶屋をつくり、茶の湯の会を開き、指導もしたようである。麟閣は、明治戊辰戦争後、城内から若松市内の森川善兵衛邸内に移され、現在も残されている。

氏郷は、少庵を会津にかくまった因縁で、千家の再興にも力を尽くし、秀吉の在世中にそのことがかない、少庵を中心にその子宗旦を世嗣として、希望がとげられた。氏郷は茶道では利久七哲の筆頭とみなされているが（『江岑年記』）、茶の湯の腕前もさることながら、千家再興の因縁もあったのであろう。

なお道庵は細川家の茶頭となった。

氏郷は茶の湯を通じて多くの人と親交を結んだ。徳川家康とも親しく、文禄元年三月十三日には、共に博多の豪商神谷宗湛《そうたん》の京都邸で茶の湯を興行している。また硬骨の公家として知られた日野輝資とも親交があった。かつて利久は輝資に書を送り、夜に氏郷と一緒に来宅するよう案内している（長尾美術館蔵「卯月二十日付利久書状」）。輝資は家康に親しく、のちに家康のお話衆として、慶長十八年（一六一三）二月、近江蒲生郡で千三十三石を与えられている。

細川忠興とは格別懇意であったようで、忠興に蒲生家重代の佐々木鐙《あぶみ》を所望されたとき、氏郷は模造品を贈ってはという家臣綿利《わたり》八右衛門の意見を退け、

なき名ぞと人には言て有《あり》なまし　心の問はば如何にこたへん

の古歌を引き、「我が心が恥かし」とて、請いにまかせ贈ったといわれる。信義を重んずることの深さが知られる。

茶の湯が重んぜられるにつれ、大名の間には万金を惜しまず名物を集め、それを誇った。信長秘蔵の九十九髪の茶入れは、初め松永久秀の所有であって、もともと九十九石の田をもって買い取られたところに、その名があるとされるほど、高価な品であった。

氏郷もまた茶器を愛した。その愛用のものとしては、双月の葉茶つぼ、長次郎作鉢開き、鍋屋肩衝《かたつき》などの名が知られている。双月の葉茶つぼは葉茶六斤入の大つぼで、三日月のつぼにならぶという意味で名付けられた。鉢開きは利久秘蔵の名物赤楽焼で、利久に懇望して得たもの、鍋屋肩衝は堺商人鍋屋道加より氏郷が購入したものである。後世、蒲生家より転々として人手に渡り、文化元年（一八〇四）、木屋惣吉の手より出雲の松平不昧（治郷）の手に渡るときには、銀千枚の価であったといわれるほど、世に知られた名物である。

氏郷は先駆けを好み、世に「軽き大将」といわれるほどの勇猛心をもちながら、他の一面には風流の雅懐を秘め、柔剛の調和された人間像をつくりあげていた。その死後元和七年（一六二一）に画かれた氏郷の画像に賛して、妙心寺の逸伝はつぎのように書いた。

一曲の棋前に雅遊を事とし
花に酔い月に吟じて風流を共にす
人天瞻仰《せんぎょう》す英霊漢
文武の名六十州に高し

氏郷の性格をとらえて妙である。

猛き心

統一政権の進展につれ、秀吉は大名の統制を志し、「人をば知行たけだてに扶持を仕るべく候」とし、「知行に応じ人数相抱べき事専一候也」として、知行取給人の扶持人数を制限し、のちには大名の知行内容を「無役高」と「軍役高」に分け、扶持人数の具体的な数字を定めたといわれる。

無役高は譜代的な大名と、服属した大名とによって違いがあったようで、大体知行石高の三分の一から五分の一ぐらいまでの間であったらしい。譜代大名の系列に属する宮部継潤《けいじゅん》は因幡・但馬で与えられた五万石余のうち、一万石（五分の一）は「無役」、四万石は二千人の「軍役」（一万石に五百人）であり、服属大名の小早川隆景へ与えられた天正十九年（一五九一）三月の知行宛行状《あてがい》では、筑前・筑後・肥前のうち三十万石余の中で十万石を「無役」（三分の一）、残り二十万石の「軍役」を「遠国たるの条、百石につき四人宛の備也」とし、八千人と定めているから、軍役は軍役高一万石につき四百から五百人ぐらいの定めであったようである。

氏郷の軍役は明白でない。しかし、ほぼ四千人内外と推定されるようである。その推算は、九州陣の時における「人数積《つもり》」にもとづく（『当代記』）。それによれば、氏郷は三分の一役千七百人とされている。三分の一役とは軍役高に対する意味のものであるから、伊勢時代の十二万石余から無役高をぼ千百人に近い。

三分の一としてこれを除き、軍役一万石に五百人とすれば、四千人余となり、その三分の一役は、ほ

氏郷は松ヶ嶋移封により知行高は倍加したので、多くの牢人を召し抱えた。あるとき、生国は大和で南部牢人の松岡半七なる者が、河井金左衛門を頼み、氏郷へ出仕を請うた。松岡は、武勇に名を得た者であったが、かつて町人らと喧嘩をし、そのうちの一人に棒でたたかれた。それを恥じた松岡は、それ以後、具足の背に金箔《ぱく》で「天下一の比気（卑怯）者」と書きつけた。氏郷にまみえていった。「天下一の比気者でも何か御役に立つと思し召さば、御目利《めき》き次第に御扶持下され」。氏郷は、その武勇を察するとともに、正直さを愛して、過分の知行を与え、鉄砲組を預けたといわれる。

西村左馬允は、九州陣巌石城攻撃のとき、法度を破り、備えを乱して戦った罪で召し放されたが、のち、細川忠興に頼んで帰参を許された。氏郷は安土の信長の前で相撲をとったこともあり、力自慢の相撲巧者であったようである。西村も大力で相撲の上手で知られていたので、一度相撲をとって、その心底を探ろうと考えた。ある日、氏郷は西村を呼び、相撲を申し入れた。西村は「勝てば気を悪くするだろうし、負ければ軽薄だといわれるし、どうしたものか」と思案したあげく、「見くびられては武士の恥だ」とばかり、一番とって氏郷に勝った。氏郷は口惜しがり「もう一番」と力足を踏んで挑戦した。二度目も勝った西村は、「いよいよ手討ちだ」と思っていると、氏郷は「お前の方が強い」と怒るどころか、翌日になって加増した。西村の正直に感じたのである。

これらはみな、氏郷がいかに武勇と正直な武士を愛したかを物語るものである。そうして選び、召し抱えた武士をいかに好遇したかは、つぎの挿話によっても知られる。『利家夜話』によると、あるとき、氏郷邸に前田利長・細川忠興・上田主水・戸田武蔵を招き、一夕の宴を設けた。それが終わるころ、秀吉のあと、だれが天下人となるかが話題になった。そのとき、氏郷は「時今の体は利家ならで誰か武篇《ぶへん》者これあり候哉」と前田利家をおした。『老人雑話』には、その理由として氏郷は、「又左衛門（利家）は人に加増分に過ぎて与《あたえ》る物きれ」の器量にあるとしたと伝えている。一挿話としても、会津若松に入城したとき、扶持人に給地を割りつけたら、蔵入分がわずかになり割りなおしを行なったといわれる。氏郷の平素の心構えからでた物語と見ることができよう。また、氏郷が諸士を愛したことは、それらを酒宴に招くとき、自分で風呂をわかして入れた（『老人雑話』）との伝えでも察せられる。

その半面、氏郷は軍紀に厳しかった。

天正十二年松ヶ嶋に入部するには敵地を切り取ることが課題であった。それゆえ、敵襲の恐れもあるので軍紀を定め、路次の行軍に立ち留ること、および馬沓《ぐつ》を取り替えることを法度に定めた。たまたま福満次郎兵衛が馬沓を取り替えるのを見て、氏郷は横目付外池五左衛門・種村慮斎をして、その首を討たしめた。福満は、武勇に優れ、寵愛も深かったが、軍紀の維持のために、これを罰したのである。

本多三彌は家康譜代の臣本多正信の弟で、天下に隠れ無き勇士であった。巖石城の戦いに、軍奉行の身でありながら、一騎駆け禁止の法度に背き、先駆けして高名をあげて、勘当された。前にみた西村左馬允は氏郷本陣の備えを破って敵に迫り、敵を討ち取った。その首を本陣に帰り実検に供えたが、法度を破った行為を怒った。氏郷は見向きもしなかったので、「何故御気に入らぬか」とどなりながら、また敵中に入り、敵首を取って帰った。ますます腹を立てた氏郷は、「おのれらは早首をとらずとも、若者どもの備えを破るを制止すべきやつぞ」と、槍の柄で、二つ三つ打ちすえた。戦い終わって、西村は、同じ振舞いをした岡左内・岡田半七らとともに勘当された。

小田原征伐に松坂をたって関東に向かう行軍の途中、氏郷は行軍の行儀を乱す者はないかと、自身で先陣より後陣まで見回った。そのとき、氏郷の鯰尾の甲《かぶと》持ちが指図の位置をはなれていたので、所定の位置にいるように注意した。帰りに見ると、甲持ちはまた別の所に位置を変えていたので、物もいわず、一打ちに手討ちにして、別の男に持たせた。みな驚き恐れ、後は列を乱す者もなかった。

天正十九年（一五九一）、氏郷は一揆を奥州九戸城に攻めた。そのとき、氏郷は馬の取り放ち・喧嘩・高声・抜駆けを禁じた。このとき、会津四十二万石に移封されていたので、多くの新参者を召し抱えていたようである。その中の関東侍二騎、剛勇にまかせ、法度を破り、抜駆けの高名に預からんと城際まで進み出でた。これを見た軍奉行・横目付は氏郷に注進した。氏郷は「志は勇しいが法度に背く。切腹させせよ」と命じた。二人は恐れ、津軽越中守の陣に助けを求めたが、氏郷は兵をつかわして、切腹させた。

これらの例は、すべて『氏郷記』に書かれ、氏郷の法度を守る厳しさと厳正な賞罰の方針を示す挿話とされている。

九州征伐のとき、秀吉の近臣がいろいろと出陣諸侯のうわさ話や、品定めに興じていた。それを聞いていた秀吉は、「お前たちの話は瓜を買うとき大きさだけで選ぶのと同じ事だ。氏郷だけが余がなそうと思うところをなす者だ。小大名といえはなはだ恐るべき者である」といって、皆をたしなめた。あくる朝、本陣の高いところから諸軍の行軍をみると、氏郷の軍容はひときわ厳しく、立派であった。秀吉はそれを指していった。「ほかは見ずとも馬の足を見よ」と。それほど、みごとに馬の足が揃っていたのである（『事実文編』）。

『川角太閤記』の作者は、こうした氏郷の器量をつぎのように評している。

蒲生飛驒殿家は、代々くせ御座候と申す習はしに候。飛驒どの御親父は兵衛允《ひようえのすけ》と申し候。是れは殊《こと》の外、世間に疎《うと》く御座候。其の親は殊の外りはつに御座候。此の飛驒殿、何事にも武道第一と仕られ、世に優れたる利発《りはつ》人と相聞こえ申し候。か様に代々替り申し候と承り候事。

氏郷は武道第一と心がけ、そこにその身上があった。そのことが秀吉をして「小大名といえども恐るべき者」といわしめたのである。

信長にかわって天下統一の政権を握るため、秀吉は織田家の一族・直臣を臣従させるのに苦心し、なかには打ち滅ぼした者もあった。また、信長の嫡孫織田秀信（三法師）・織田信雄・丹羽長秀・前田利家・池田恒興・細川藤孝・その子忠興・堀秀政・徳川家康、および蒲生氏郷らのように帰属した者もあったが、警戒の目をゆるめなかったようである。

丹羽長秀は信長の重臣であったが、秀吉に味方し、その政権確立を援助した。小牧合戦後、加賀・越前両国の間に百万石を給されたが、病気と称して国に引き籠り、大坂に出仕しなかった。信孝の死、信雄の屈服、秀信の実権喪失など、織田家凋落の姿を見て憂悶したためのようである。秀吉は蜂須賀正勝をもって病状を問わしめたが、そのうち秀吉は長秀が中国（毛利氏）・筑紫（島津氏）・越中（佐々成政）に廻文を出し謀叛を企てているなどのうわさを聞いて、にわかに「天下を長秀と替り持ちに仕るべく候」などの甘言をもっていざない、長秀を大坂に迎えた。その両者関係は「今に世間の沙汰、さだかに御座なく候」といわれるように、秀吉は長秀の態度にたいして疑心をいだきながらも、その懐柔策に腐心していたのである。長秀は翌天正十三年に死んだ、その子長重は加賀松任《まっとう》四万石に削封された。理由は廻文故の「出入り」とうわさされた（『川角太閤記』）。

こうした疑心は、蒲生氏郷らも持たれていたであろう。「恐るべき者」には敬服と恐れが入り混じった響が聞える。「りはつ人」には、武略を教養でつつみ、疑心のつけ入る隙も見せぬ、氏郷の賢明さを指さす言葉として受けとられそうである。

石ひき

秀吉は全国的な統一政権の中心として大坂城を築いた。その築城の意図は柴田合戦が終わって、五月二十五日、池田恒興に大坂城を明けさせたときに始まり、八月一日には「大さか《（坂）》をうけとり候て、人数いれおき、くにく〵のしろわり《（城割）》候て、これいこ《（以後）》むほう《（無法）》なきやうにいたし申候て五十ねんも、くにく〵志つ《（鎮）》まり候ように申つけ候」と、いよいよその意志を固め、九月一日より工事を始めた。天正十三年（一五八五）四月ごろまでには、天守も完成していたようであるが、堀普請などは翌年も続いたことが知られる（『大友文書録』）。

その工事には「諸国よりの馳走人夫、幾千万とも申す計《ばか》り無く」動員されたことはいうまでもなく（『前同』）、諸大名を大坂に居住させて統制するために、「諸国の領主に同所に居住し、城の周囲に大なる建築を起すことを命じた」（『一五八四年の日本年報』）のである。

天正十三年（一五八五）七月、秀吉は関白となったのち、京都に聚楽第を営むことになり、十四年の三月には工事が始まっている。

去る廿一日より内野御構御普請、大物以下事々しく、諸国衆自身〳〵これを沙汰す。をびたゞしき事なり。関白殿廿三日ニ御上りと云々。（『多聞院日記』天正十四年三月廿七日条）

ここにも、諸大名へ軍役を課した姿をみることができる。聚楽第の新装なって秀吉の移ったのは十五年九月のことである。この前後に諸大名も京都にそれぞれ邸宅を構えたようで、氏郷邸は京都柳馬場二条上ルにあったことが知られる。

それと並行して秀吉は、京都に大仏殿の建立を企て、天正十四年の四月には、その場所を東山東福寺近傍に相している。『豊鑑』には、「その比《ころ》秀吉卿思ひ給へるは、奈良の大仏も破壊しぬ。都にたてばやと思ひなして、東山得長寿院の北に地形をきづき、石をたたみ、木のたくみ、仏師のたくみなどつどひて、留舎那の像をつくりみがき給ふ」とあるから、大仏殿の建立は統一政権の理想と権力の誇示にほかならなかったのである。このことは、慶長元年（一五九六）の京都地震で大仏が破損したのち、信濃善光寺の本尊如来を移して安置したとき、「六、七年の間に六十六州悉く掌握に帰す、如来の事蹟と絲毫《しごう》も隔たらず」（『鹿苑日録』）と秀吉の事業を如来の事績に比したことによっても明らかである。

その工事は天正十六年（一五八八）五月ごろにもなってもまだ続いていた。『多聞院日記』には、その様子をつぎのように記している。

京には大仏建立とて、石壇をつみ、土を上《あげ》て、其上にて洛中上下の衆に餅・酒下行して、をとらせらるゝ、事々しきふしん《（普請）》なり云々、西国より柱も少々出云々。（天正十六年五月十二日条）

大仏殿の基壇作業の進行と、木材徴発の様子がうかがわれる。この大仏殿建立を理由として、天正十六年七月八日、秀吉が全国に「刀狩り」を令したことは、よく知られるところであるが、その本意は、「国土安全・万民快楽の基」といいながらも、「内証《ないしょ》は一揆停止のためなり」と、そのころでさえうわさされていた（『多聞院日記』天正十六年七月十七日条）。

氏郷は、大仏殿建立のとき、五条橋に向かう大門の隅石を大津三井寺《みいでら》の上から運ぶことになってい た。その石の大きさは二間四方の大石で、山から道まで引き出したものの、それから先の運搬が困難をきわめたため、秀吉はそれを中止させた。ところが、落書《らくしょ》好きの京童《わらんべ》は、

大石を道の蒲生に引捨てて　飛驒の匠《たく》みも成ぬものかな

と狂歌を立てた。

くやしがった氏郷は、しゃにむに運べと命じ、みずから運搬を奉行した。石の上には太布《ふとぬの》の帷子《かたびら》の袖をぬぎ、背に朱の丸をつけた蒲生源左衛門郷成がのって、「木やり」の音頭をとり、蒲生左文の家来中西善内は笛の役、蒲生四郎兵衛の家来赤坂市蔵は太鼓の役として、面白おかしくはやした。人夫はもちろん、氏郷の家中の者もみな本綱・末綱に取り引き石を引いた。

石引きに疲れたころ、都から迎えた傾城《けいせい》十余人を石の上にあげ、小歌をうたわせたので、一同はそれに力を得て日岡峠まで運んだが、峠を越えるのはいかにも困難のようにみえた。

「ぜひ峠を越せ」と氏郷に命ぜられた郷成は、わざと石の上から田の中にころび落ちた。泥んこになって立ち上がった滑稽な姿に笑いこけた一同は、それに気をよくして、難なく峠を越えることがで

きた。氏郷は大いに喜び、その夜山科に着いたとき、秘蔵の名馬を褒美として郷成に与えた。

引き鎖綱がきれて、人夫一人が額を割られて死ぬ事件もあったが、鎖綱をかえて、引くほどに、賀茂川べりに出で、都に運び入れた。

京童も秀吉もこれを出迎えた。秀吉は木村常陸介をしたがえ、ともに石にのぼり、みずから「木やり」の音頭をとり、常陸介は太鼓を打てば、秀吉御供の大小名も皆引綱を引いたので、さすがの大石も飛ぶように運ばれ、間もなく大仏殿へ着いた。この石は、大仏殿一番の大石であったといわれる。以上は『氏郷記』の伝えるところであるが、秀吉の数多い巨大で豪華な建造物が、大名への賦課の形で成就された一例である。こうした賦課は、秀吉が諸侯の忠誠をたしかめ、それを統制する手段であったから、石を引く氏郷の姿に、統一政権への服属を見出すことができるのである。

他方において、淀城の築城も進められている。淀城は秀吉の側妾浅井氏のために設けたもので、浅井氏を淀君というのはそのためである。

淀城は天正十六年二月には、その築城が始められていたことは、羽柴秀次の臣宮部宗治が、その領近江に伏見御用の人夫を徴していることで知られる。しかし、十七年の二月には羽柴秀長にその修業を命じている。秀長はその築垣の礎石を奈良から強制的に徹発したので、「山内より取出、震動なり」（『多聞院日記』天正十七年六月八日条）と寺社に大きな脅威を与えた。

淀築城について、つぎの文書がある。

猶々其元の人夫に申し付け候て、大津まで相届く可く候、将又《はた》蒲生飛騨守ら指出帳遣し候。三万余の分相改候て、様子申越す可く候。即ち指出此のものを遣し候上、尚《なお》々勘右衛門尉遣し候て申上ぐ可く候。

淀城用に候塀覆百間分よく候はんを相越す可く候。ぬき（貫木）も同様に候。委細一柳勘右衛門尉申す可く候間、入念に相越さる可く候。恐々謹言

筑前守

秀吉（花押）

七月廿九日

石川　杢兵衛尉殿

小出甚左衛門尉殿

伊藤　左衛門尉殿

田中　小十殿

山田又右衛門尉殿

（『近江蒲生郡志』）

これは秀吉が石川光政ほか五名にあて、淀城の塀覆い板と貫木《ぬき》おのおの百間分を船で大津に運送することを命じた書状であるが、その中に氏郷もまた指出帳を出したことが知られるので、淀の築城に関係したことは明らかである。しかし、その内容は知ることができない。

いずれにしても、氏郷は、秀吉の天下統一の過程で、戦陣に軍役を負い、その間にも、さまざまな

形で賦役にかりだされ、奉仕したことが明確になる。

会津移封

小田原の夜討ち

統一政権をめざす秀吉にとって、関東北条氏の処置は一つの課題であった。秀吉が政権をとったころ、関東に覇を唱える北条氏は、その北部の常陸佐竹義重、下野宇都宮国綱と対峙していた。それに脅威を感じた佐竹・宇都宮両氏は早くから秀吉に誼を通じ対抗策を講じていた。秀吉が北条氏討伐の意志をはじめてもらしたのは、天正十三年（一五八五）のころであったが、北条氏を討つには、それと姻戚関係にある徳川家康の介在が障害となっていた。しかし、天正十五年までに家康も服属し、九州の平定も終わってからは、秀吉の眼が関東北条氏の上に直視され始めたことは、当然の成行きであった。

それでもなお、北条征伐には家康領を通らなければならぬ気がねもあって、平和のうちに屈服させる方法を考え、北条氏直《うじなお》の上洛を家康に説かしめた。

このころ、北条氏は下野の宇都宮国綱を攻めて、これを降し、ほぼ関東を制覇していた。その威を頼んだ氏直は、家康の勧めに従わず、まず叔父氏規《うじのり》を上洛させ、真田昌幸の拠る上野《こうづけ》沼田城と引替えに上洛すべきことを伝えさせた。当時、沼田城は北条氏の支配から残された、ただ一つの上野の城であった。

十七年六月、秀吉は使者をもって、氏政・氏直父子に上洛を勧めたところ、十二月上旬に氏政が上洛する旨の返事を得た。

それにより秀吉は、真田昌幸に使を遣わし、沼田領三分の二を氏直に割《さ》かしめ、名胡桃《なくるみ》領三分の一を昌幸に安堵することにした。しかるに氏直は約に背いて名胡桃城をも占領し、氏政も上洛しなかった。

この氏直の態度を怒り、違約に討伐の名分を得た秀吉は、十一月二十四日、氏直を「表裏勅命に背き、公儀を軽んずる」(『鹿苑日録』十一月廿三日条)ものであり、「天道の正理」に背くものとし、明春を待って討伐することを決意した。

ついで、徳川・小早川・佐竹、および伊達などにこの旨を知らせ、諸将に出陣の準備を命じた。その動員は、畿内・山陰・山陽・南海諸道、近江・美濃・伊勢・尾張、北陸道に三河・遠江・駿河・甲斐・信濃と広範におよび、それぞれ軍役を定めた。

一方、長束《なつか》正家に命じて米二十万石を徴収し、それを駿河の江尻・清水に回送して貯えさせ、さらに金一万枚をもって人夫・馬・糧秣を徴収させた。

また、長曾我部元親・脇坂安治・加藤嘉明・九鬼義隆を水軍の将とし、羽柴秀長・毛利輝元・宇喜多秀家にも水軍の派遣を命じ、さらに京都守護に毛利輝元、東海道沿道の警備を小早川隆景に令し、それぞれ準備にあたらせた。

秀吉と北条征伐のことを打ち合わせた家康は、翌十八年（一五九〇）正月に帰国のうえ、沿道の修築と秀吉の宿所の準備を命じ、各地に諸将を配置して攻撃態勢の整備にあたらせた。

二月になって東征の出陣が始まった。進路については、あらかじめ徳川家康・織田信雄・蒲生氏郷らは東海道を、上杉景勝・前田利家らは東山道を東に進むことが定められていた。氏郷は二月七日に松坂を出発した。この出陣に馬印を改め、佐々成政の武運にあやかるため、その菅笠三階を用いることを許された。また形見に白綾の小袖を着て、左の手に扇、右手に楊枝を持った姿を絵にうつして残し、必死の覚悟を定めたといわれる（『氏郷記』）。

二十五日、氏郷は織田信雄と駿府に会し、共に沼津に赴き、ついで先手を三島まで進めた。その間も諸将は陸続と居城を出発して、関東への道を急いでいた。秀吉は三月一日に京都を出発した。その有様は、「人数六千計《ばかり》云々奇麗なる金銀の唐・和の財宝、事尽したる事、中《なか》々言語も及ばざるの由、各《おのおの》語り了《おわんぬ》。肝を消す式なり」（『多聞院日記』天正十八年三月二日条）と驚嘆されたほどで、支配者の威儀を誇示したものであった。

秀吉は二十七日、沼津に着き、ただちに敵情を偵察して、北条勢が山中（三島市）・韮山二城を守り、箱根の西の関門を擁することを知った。そこで翌日軍議を開き、羽柴秀次をもって山中城を、織田信雄に韮山城を攻撃させ、秀吉の本隊は秀次隊に続き、家康隊は元山中の間道を、堀秀政は山中の南の間道をともに東進することに定めた。

信雄の韮山城攻めの部隊は右翼織田信包・蒲生氏郷・稲葉貞通、中央筒井定次・生駒親正・蜂須賀家政・福島正則・戸田勝隆、左翼細川忠興・森忠政・中川秀政・山崎片家・岡本良勝、旗本織田信雄、兵数約四万四千百人、そのうち蒲生勢は四千人といわれている。

韮山攻めは二十九日早朝から始まった。韮山は伊豆より小田原にはいる重要な地点で、城は南に山を負い、西に狩野《かの》川を控える要害で、城将は北条氏規であった。攻手は四方から土手を築きつつ前進して攻めつけた。城中から雨霰《あられ》と撃ちかける鉄砲に、蒲生左文郷可《さとよし》は股をうたれた。豪気な左文は色も変えず、しばらく戦ったのち一息入れ、道端で弾を掘り出した。それほど激戦を続けたが、容易に攻略できなかった。

四月五日になると、秀吉は速攻の不利を知り、包囲持久の策をとるため、信雄・氏郷・信包・忠興の四将を小田原に呼び寄せ、その他の諸将と四国勢だけを残し、包囲を続けさせた。韮山城が落城したのは六月二十四日で、氏規の降服によってである。

四月十三日付で、北政所にあてた秀吉の書状を見ると、

（前略）小たわら（田原）二・三てう（重）にとりまき、ほり・へいふたへ（二重）つけ、一人もてき（敵）出し候はす候。こ

　とにはんとう《（坂東）》八こく《（国）》の物《（者）》ともこもり候間、小たわらをひころし《（干殺）》にいたし候へは、大しゆう《（奥州）》まで
　ひま《（暇）》あき候間、まんそく《（満足）》申におよはす候。

といって、小田原攻略は関東平定に通ずるとし、このときまでに包囲態勢を完成して長囲の策をとり、力攻めを避けて落城を待つ策戦に転じたことを知らせている。その包囲陣は小田原城東は徳川家康勢、城北は織田信雄・蒲生氏郷・羽柴秀勝・羽柴秀次勢が東から西に展開し、城西は宇喜多秀家、城南には織田信包・細川忠興・堀秀政・長谷川秀一・木村重茲《しげこれ》・丹羽長重らが西から東に陣を張った。相模湾上には早川口に九鬼嘉隆・脇坂安治・来島通総《くるしまみちふさ》（毛利勢）、酒匂《さかわ》川口に長曾我部元親・加藤嘉明・羽柴秀長・小浜景隆（徳川勢）の水軍が警戒にあたり、秀吉は西南の石垣山に本陣をすえていた。

　諸隊はそれぞれ地形に応じて砦を築き、堀・塁・塀・柵をめぐらし、半永久的な陣地をつくった。その鉄壁の包囲陣を見て、城兵の中には戦意を失い、投降する者も現われた。中には包囲陣に夜襲を試み、戦意の高揚に努める者もいた。五月三日、籠城軍の太田氏房の家臣広沢重信が行なった信雄・氏郷陣への夜襲がそれである。

　その夜、蒲生の見張り番は関一政で、田丸具直は非番、氏郷の本陣とも寝についていた。その夜、忍びの伊賀者町野輪之助は埋門《うずみもん》まで忍び入って偵察した。城内から夜襲のために出てきた城兵を見つけて、矢を射かけ、ついで反転して急を氏郷に告げた。寄せ手は岩槻《いわつき》十郎を大将として子《ね》の刻（夜の十二時ごろ）に蒲生陣を急襲した。不意を討たれた蒲生勢は備えを固める暇もなく、先手はたちまち

敗れ、弓・鉄砲隊も逃げ足だった。しかし、鉄砲大将蒲生源左衛門・門屋助右衛門・寺村半左衛門・森民部丞、弓大将蒲生忠右衛門・梅原彌左衛門らは踏み留まって防戦した。

急場のこととて、甲持《かぶともち》もいあわせず、やむなく北川平左衛門尉の甲をつけた氏郷の本陣には、蒲生左文郷可、その弟上坂源之丞や佃又右衛門だけが付き添っていた。間もなく北川平左衛門尉が馳せ合い四人になった。氏郷は槍をしごき前進しようとしたが、源之丞は、それを留め、「味方は小勢で危い」と叫んだ。そこで主従五人一団となって突撃し、氏郷は「構えて首を取るな、突き捨てにせよ」と下知した。中にも左文郷可はまっ先に進み敵に多数と見せるため、「敵引かば付入りにせよ」とわめきながら力戦した。白兵戦になったころ、非番の田丸具直および氏郷の旗本も、われ先に本陣に馳せ付けたので、敵もたじろぎ、生け捕られる者もあり、討たれる者も多かったので、あわてて城中に退却した。この夜戦は、小田原攻めの大勢を決する戦いではなかったが、氏郷は力戦に名をあげ、士気を鼓舞するための効果はあった。

このころから秀吉は持久戦に持ちこむ態度を固め、みずからも淀君を呼び寄せると共に、諸将に妻妾を呼び寄せることを許し、茶を楽しみ、また士卒の慰労にも心がけた。一方、関東における北条氏の属城を攻略し、その枝葉を絶って小田原の孤立化を策した。

そのころになると、関東・奥州の諸将のうちで小田原にきて服属する者も多く、おもなる者には佐竹義宣・宇都宮国綱・岩城常隆らがあり、六月になると伊達政宗・最上義光らもきて、石垣山の本営において秀吉に謁見している。この間にも、中山道から進んだ上杉景勝・前田利家らは、上野・武蔵の諸城を攻めていた。秀吉は新たに石田三成らを小田原より割き、新付の佐竹義宣・宇都宮国綱らを付け、館林《たてばやし》・忍《おし》城を攻撃させた。攻撃をうけた諸城は、四月から六月にかけ松井田・岩槻・館林・鉢《はち》形《がた》・八王寺の順に落城したが、忍城の落ちたのは、小田原開城後の七月十六日といわれる。

また一方、秀吉は城中将士の離間を計り、降服をも勧めた。六月になると、すでに一族の中に降服する者もあらわれた。老臣松田憲秀もまた秀吉に通謀した。氏直もようやく形勢の悪化を悟り、ついに降服を申し出で、七月九日に小田原を開城して、ここに小田原の陣は終わった。

秀吉は氏直を許し、これを高野山に追い、父氏政およびその弟氏照には切腹を命じた、そのとき、氏直は家臣団に主従関係を解くことを命じたので（「大藤文書」）、家臣団もまた離散の運命をみた。その中には佐久間久右衛門尉安次・源六実政兄弟もいた。

佐久間兄弟は柴田勝家の甥で佐久間玄蕃允盛政の弟である。勝家没落後、北条氏を頼って小田原にあった。もともと柴田牢人の蒲生源左衛門・蒲生左文とは親交があったので、二人は、佐久間兄弟の意志をたしかめたうえで、氏郷に推挙した。氏郷はこれを秀吉に請い、許されて召し抱えることとした。こののち二人は蒲生の藩中に重きをなしている。

秀吉は小田原陣のあとは、奥州仕置のことを考えていた。それによって全国統一が完成されるからである。

会津入り

秀吉が北条氏に対し、上洛を促す交渉を続けているころ、奥州では米沢に拠る伊達政宗が、奥州南部に勢力の伸展を計り、天正十七年の六月には会津の芦名氏を討ち、これを追ってその旧領を合わせ、六月十一日には芦名家累代の会津黒川城に居を移していた。政宗は天正十五年（一五八九）九月以来、秀吉に誼を通じていたので、黒川入城後、その討伐の主旨を秀吉に告げた。しかし芦名氏を援助していた秀吉は大いに怒り、会津乱入の罪を叱責し、その返事しだいでは政宗討伐の決意を示した。

しかし、小田原征伐が急迫してきた天正十七年（一五八九）末になると、政宗を敵に回すよりもそれと結び、北条氏の孤立を計ることの得策を悟り、一応、既成事実を認めながら小田原征伐の意図を伝えるとともに、その上洛を促した。

政宗としては、北条氏の介在する間に時を稼ぎながら、領国の拡張を計り、既成の事実を積み上げることを急務と考え、秀吉に対してはその宥和《ゆうわ》に努めながら、上洛することを遷延していた。

しかし、小田原の包囲陣が完成し、落城は時日の問題となってきたころ、秀吉は再び伊達征伐の意志を示した。政宗と懇意の諸将は、政宗にその旨を伝え、小田原参陣を繰り返し勧めてきたので、政宗もようやく決意を固め、小田原に赴き、はじめて秀吉に謁見を許されたのが天正十八年（一五九〇）六月十日であった。

小田原落城を目の前にしていた秀吉は、強気で、政宗の会津乱入・諸領の略取を問責するとともに、会津領を奪った。「会津の事は一端仰出され候条、先々関白様御蔵所に成され候」（「伊達家文書」）とあるから、秀吉は、このとき、みずから奥州に下向し、その仕置を指揮する拠点として会津黒川城を選ぶことを決意したものと思われる。

秀吉は、六月十四日、政宗の帰国のとき、木村清久・浅野正勝の二人を同行させ、黒川城の請取りにあたらせた。七月三日には、垣見彌五郎・水原亀介・西河八右衛門・杉山源兵衛尉・友松次右衛門（尉）ら五人を道作奉行とし、沿道の農民を使い、小田原より会津まで幅三間の道路をつくることを命じ、奥州入りの準備を始めた。垣見らは七月十六日に会津に到着している。

小田原落城後、北条氏の旧領を徳川家康に与えた秀吉は、七月十七日、小田原を出発し、二十六日に宇都宮へ到着して、そこであらかじめ召し出していた伊達政宗と最上義光に会い、陸奥・出羽の仕置を議した。結果として、小田原に参陣しなかった白川義親・石川昭光・大崎義隆・葛西晴信らの奥州諸氏の所領は没収されることとなった。

それより前、秀吉は奥州仕直軍を命じていたようで、豊臣秀次五千騎・蒲生氏郷四千騎・浅野長吉

（政）三千騎・石田三成千五百騎・大谷吉継五百七十騎・木村吉清三百騎などがそれであり、逐次出発していた。秀次は秀吉に先だって出発し、八月五日には会津黒川城にはいった。

秀吉は八月六日に白河に着き、翌日、長沼城を経て九日に会津黒川城に着いた。このとき、浅野長吉は途中で秀吉とわかれ、九日には杉の目（現在、福島市）に到達していた（「伊達家文書」）。秀吉の会津滞在は十三日帰洛の途につくまでの五日間であったが、その間矢継早《やつぎばや》に奥州仕置の施策を命じた。

その一つは刀狩りである。出羽では、その仕置にあたった上杉景勝の臣色部《いろべ》長真《ながざね》によって天正十八年十月中に実施された。その『出羽国仙北郡諸道具之覚』によれば、太刀・脇指《わきざし》・鑓《やり》・鉄炮・うつぼ矢・弓・古具足《ぐそく》・甲付馬よろい・京舛《ます》などを収蔵している（「色部文書」）。

陸奥側についていえば、秀吉に先だって会津にはいった羽柴秀次は、さっそく「民間の兵器」を収めた（『会津旧事雑考』）。また、のちに木村吉清の大崎領米泉で伝馬役課税に反対した「いたづら者」が「かくし置候刀三こし」を取り出し、喧嘩に及んだ事件がある。その刀は、刀狩りのときの隠匿物を思わせるので、ともに、刀狩りの実施を裏づけているようである。

刀狩りは在地に密着していた土豪・地侍の武力を解体し、兵農分離を促進するにあったが、それをいっそう徹底させたものに検地があった。秀吉は会津について間もなく、会津は羽柴秀次、白河付近は宇喜多秀家に命じて検地を行ない、ついで奥州仕置に向かっている浅野長吉に書を送り、その実施を厳命した。そのとき定めたものと思われるものに「出羽国御検地条々」（「色部文書」）がある。

それによれば、一段を三百歩に統一し、田畠・屋敷・麻畠ごとに地積を量り、田・畠の斗代《とだい》を規定し、また屋敷・麻畠の年貢は上畠の年貢に準じている。なお漆木にも見積りの年貢を定めた。斗代は貫文高となっており、秀吉の検地の石高制と異なるものがあるが、とりあえず当時の慣習に準拠したものとみられる。出羽国仙北郡《せんぼく》（現在、秋田県）の検地は上杉景勝の助力により大谷吉継が実施にあたり九月中には完了した。その検地実施についての田畠指出しの基準は、七尺竿《さお》で一段を三百歩とし、「田畠悉皆共に永楽銭の積り年貢申し付く可く候もの」としているので、「出羽国検地条々」に従い、さっそくに検地を実施したことが知られる。陸奥側にも同様の「検地条々」に基づいて検地の実施されたことは、天正十八年九月に実施された貫高制による黒川郡内検地帳七種が現存することによってもあきらかである。なお検地実施についての秀吉の意志は、浅野長吉に送った書状の一節にうかがうことができる。

仰出され候趣、国人幷に百姓共に合点《がてん》行き候様に、よく〳〵申し聞すべく候。自然覚悟相届かざる輩これあるにおいては、城主にて候はば、そのもの城へ追い入れ、おの〳〵相談し、一人も残し置かず、なできりに申し付くべく候。百姓以下に至るまで相届かざるにつきては、一郷も二郷も悉くなできり仕るべく候。六十余州堅く仰せ付けられ、出羽・奥州までそさうにはさせらるまじく候。たとへ亡所に成り候ても苦しからず候間、その意を得べく候。山のおく、海はろかいのつづき候まで、念を入るべきこと専一に候。自然おの〳〵退屈においては、関白殿御自身御座なされ候ても、仰せ付けらるべく候。きっとこの返事然るべく候なり。(「浅野家文書」)

と述べ、秀吉の検地に対する熱意と、厳しさをよく現わしている。

このころ、この地方の武士は、手作りの農地をかかえ、名子《なご》や下人《げにん》に耕作させるとともに、年貢・夫役の対象としての在家《ざいけ》百姓を支配していた。在家とは屋敷・田・畠を一括して呼ぶもので、在家の百姓の多くは名子や下人を隷属させて耕作にあたり、村落はそうした在家のいくつかの集まりで構成されていた。

秀吉の検地は、窮極において農民以外の者の農村居住を禁止するとともに、直接耕作者を解放し、それを年貢負担者として掌握することを原則とした。それゆえその施行は、その土地に密着していた土豪・地侍層の土地所有を解体し、その存立を否定して、新しい統一的な封建支配の地固めをつくるものであった。

つぎに所領を配分し、木村吉清に旧葛西・大崎領を与え、氏郷は、伊達政宗より没収した旧会津領を拝領した。秀吉は会津を奥州支配の要《かなめ》と考えたので、それを守護する大名には、いまだ残存する旧勢力を押え、東北の虎ともいうべき伊達政宗と拮抗し、それを制禦するほどの器量ある者を必要とした。そのため、秀吉が氏郷を選ぶについていくつかの挿話が残されている。

秀吉は最初、会津に置くべき人物を諸将の投票に求めた。八、九割までは細川忠興を推挙したが、秀吉は、それらを明なき者として氏郷を選んだ(『老人雑話』)。

また秀吉は徳川家康に意見を求め、相互二名ずつ記名して投票した。秀吉は第一に堀秀治、第二は蒲生氏郷、家康は第一に蒲生氏郷、第二に堀秀治を選んだ。秀吉は奥州の支配には勇猛さが必要だとして堀を推したが、家康は、奥州侍と堀では茶碗と茶碗で、両潰れになるとして、氏郷を推挙したとの話もある。

あるいは、秀吉は初め細川忠興に与えようとしたが、忠興は奥州の要《かなめ》である会津を守護する自信がないとして辞退した。ついで氏郷も与えられたとき、同様の理由で辞退したが、秀吉の気色《きしょく》をそこねてはいかがかと思い、それをうけた(『会津四家合考』)ともいわれる。

こうした挿話の背後に共通して存在していることの一つは、この時点における会津の重要性と、他の一つは、それだけに、秀吉はあらかじめ、氏郷をその意中に予定していたのではないかということである。

氏郷はそのとき、「自分は武功の家臣を多くもたないので、この要地を守護する自信がない。今天下には主に離れ、牢人している抜群の剛勇の士が多く見られる。これらを召し抱えることが許されるならば会津を充分に守護しましょう。それなくして拝領することはできない」旨を申し述べた。これに対し秀吉は、旧会津領一円、大沼・河沼・稲川・山(耶麻)・猪苗代《いなわしろ》・南山《みなみのやま》六郡に越後小川庄、および白河・石川・岩瀬・安積《あさか》・安達・二本松六郡を加え、以上十二郡四十二万石を宛行うとともに、会津の守護を命じ、「家中侍の儀は、たとえ秀吉に敵対し、または勘当された者でも文武に名を得た士ならば、召し抱えることを認めよう。ただし、文臣と武臣をともども扶持することが肝要である」として、それを許した。これより天下の武勇の士は多く氏郷に頼って会津に集まってきた。

またこのとき、氏郷と新たに葛西・大崎を拝領した木村吉清に対し、「氏郷に吉清を子とも従者とも思え。吉清は氏郷を親とも主とも考えよ。吉清は小身だから、その領内に一揆でも起こったら、政宗を先に立て案内者として退治せよ。吉清は今後京都へ出仕しなくてもよいから、会津に出仕せよ」と申し渡したといわれる（『氏郷記』）。

宿舎に帰った氏郷は、恩賞を賜わるならば小国でも西国をと望んでいたのに、辺境にあっては武功の機会も失われると悲しみ、落涙したという（『常山紀談』）。後年、会津から西国に向かう中山道の旅路で浅間山を眺め、

しなのなる浅間の嶽も何を思ふ　我のみむねをこがすと思へば

と詠んだ心中にも、なお同じ思いが内燃していたようである。

氏郷の会津移封を、小田原落城、全国平定後に行なった秀吉の転封政策の現われとみ、徳川家康を旧北条氏領に、織田信雄を旧徳川領に移封したように、平素はばかりある勢力を中央から遠ざける意図に出たものとする立場がある。しかしそれを否定する材料もない。いずれにしても、このときに秀吉は統一政権の支配者としての立場を確立したのであり、その封建的秩序維持の意志の前には、氏郷も涙をのまざるをえなかったのであろう。

氏郷と吉清は新領拝領後、席のあたたまる暇もなく仕置に出陣した。その時期は明らかでない。しかし、秀吉に仕置の案内を命ぜられた伊達政宗は、十一日に米沢を出馬し、十三日には宮（現在、白石市内）で浅野長吉と会うことを白川義親宛に申し述べている（『貞山公治家記録』）。その政宗と氏郷はのちに一時行動をともにしているので、氏郷もまた、同じ時期までには出陣した模様である。

それから大崎氏旧領にはいり、八月十八日には、政宗とともに大崎義隆の居城中新田《なかにいた》城を請取り、ついで志田郡古川城、玉造郡岩手沢（岩出山）城に進み（『貞山公治家記録』）、さらに葛西領栗原郡高清水《たかしみず》城に向かった。葛西の将薄衣《うすぎぬ》甲斐守はその西口森原山にそれを要撃したが、蒲生勢に撃破され、兵千五百余と共に敗走した。このころまでに政宗は、長吉を追って北に向かったようである。

高清水城を得た氏郷は、さらに東に向かい、佐沼城に進んだ。一方、木村吉清は途中で氏郷と別れ、浜街道を北進して桃生《ものう》郡にはいり、和淵《わぶち》で葛西軍と戦ってこれを破り、葛西晴信の本城寺池城（登米《とよま》）に迫った。寺池籠城を不利として晴信は佐沼城に移っていたので、吉清は難なく寺池城を請け取り、佐沼城をめざして進撃し、氏郷の軍とともにそれを攻めた。

『葛西真記録』には、そのさまをつぎのように記している。

木村・蒲生の両勢、是れまた一手となり、両軍鬨《とき》を合せ、弓・鉄炮を放ち合戦す。蒲生・木村の兵勢強大にして、奮戦殊に甚だしく、葛西勢当るべからずして、遂に敗走す。

葛西勢は優勢な火器を装備した蒲生・木村の精鋭に撃破され、籠城の部将の多くは討たれ、また逃亡して、葛西氏はここに滅びた。氏郷の仕置は葛西・大崎両氏の旧勢力を排除し、安定した姿の中に木村氏を迎え入れる目的のものであった。それゆえ、葛西・大崎の地の平定とともに、八月下旬、会津黒川城に帰還した。

帰城後ただちに知行割りを行ない、軍忠の諸士に給地を分与した。そのことは、九月一日に会津の名刹柳津《やないづ》円蔵寺に二百石の地を、十二日には耶麻郡熱塩の慈現寺に百石の地を寄進していることから明らかである。そのおもなる者を『氏郷記』によってみると、つぎのようである。

白　河　関一政（右兵衛尉）
須賀川　田丸具直（中務少輔）
阿子ヶ島　蒲生郷成（源左衛門）
大　槻　蒲生忠右衛門
猪苗代　蒲生郷安（四郎兵衛）
南　山　小倉孫作
伊《い》南《な》　蒲生郷可（左文）
塩　川　蒲生頼郷（喜内）
津　川　北川平左衛門

このうち関一政（元伊勢亀山）の白河と、田丸具直（元伊勢田丸）の須賀川は秀吉によって宛行われ、氏郷の与力につけられたものである（『太閤さま軍記のうち』）。

しかし、安達郡二本松付近の所領の境界は、このころまで、まだ決定をみなかったようで、二本松には伊達成実が居城しており、「安積・須賀川の地このごろまでは公の御預りなり。安積・磐瀬まで蒲生忠三郎へ賜へる事は此の後の義なるべし」（『貞山公治家記録』）といわれた。九月三日ごろ、阿子ヶ島を守る蒲生源左衛門に対し、氏郷は、二本松境における紛争に取り合うことのないように注意を与えている。十月十一日には蒲生源左衛門と町野左近助に書を送り、二本松城を請け取り、その置目《おきめ》は浅野六右衛門と相談して浅野長吉の指示を受け、源左衛門は城を守り、左近助は長吉を岩瀬まで送るよう命じているから、二本松が蒲生領に確定したのは、この時期と思われる。

『氏郷記』に、諸将の配置ののち、阿子ヶ島の蒲生源左衛門を二本松に移し、蒲生郷安を長沼に、町野左近助繁仍《しげより》を猪苗代に再配置したとあるのは、二本松開城にともなう移動と思われる。

葛西・大崎一揆

秀吉の奥州仕置の陰には、没落の悲劇に泣く人々もいた。大崎義隆・葛西晴信がそれである。

葛西氏は鎌倉幕府の設けた奥州総奉行の後裔で、戦国のころまでに胆沢《いさわ》・江刺《えさし》・気仙《けせん》・磐井《いわい》（以上岩手県）、本吉《もとよし》・登米《とよま》・桃生《ものう》・牡鹿《おじか》（以上宮城県）の八郡にわたって領国を形成し、寺池城（現在、登米町）に拠って勢威を張った。大崎氏は足利氏の支流斯波氏で、室町期の初め、家兼が奥州探題として大崎地方に拠点をすえて以来、その職を世襲し、地名によって大崎を称し、加美《かみ》・志田《しだ》・遠田《とうだ》・玉造《たまつくり》・栗原《くりはら》（宮城県）五郡に威を振るった名門であった。

いずれも、室町幕府の統制力が失われた戦国のころ、それぞれ在地領主を被官化し、領国を形成したのであるが、その内部には、ともに未熟さを内包していたようである。

大崎氏についてみると、その領国は外様《とざま》衆と同名衆とか親類衆などといわれる一族や姻族の豪族によって構成されていたといわれる。それらはみな城郭を構えた独立領主で、自主性も強かったので、中央では統一政権への動きが活発になってきたときでさえ、おたがいに離反と対立を続けていたので、大崎氏の封建的支配もいまだ確立されていなかった。

その一例を大崎合戦にみることができる。事件の発端は大崎義隆の寵童新井田刑部と伊場野惣八郎をめぐる問題であった。はじめ刑部は義隆の寵童として時めいていたが、やがて伊場野惣八郎が側近にあって重用されるにおよび、失脚した。刑部には狼塚《おういぬづか》（加美郡）の城主里見紀伊守をはじめ親類も多く、みな刑部の失脚を不満としていたので、それらから災の身におよぶことを恐れた惣八郎は、頼るべき有力な親類もないため、後見を岩手沢（現在、玉造郡岩出山）の氏家弾正に依頼した。

そのことを知った刑部の一族は、対抗手段として伊達政宗と結び、義隆を討つ計画を立てた。氏家はその謀議を知ると、災を未然に防ぐ方策として、義隆に刑部の処置を進言した。しかし、刑部の処分を憐れに思った義隆は、刑部をその生地新井田に蟄居させることにしたが、帰途に氏家勢の攻撃を恐れた刑部の請いにまかせ、新井田の途中まで同行して見送ることにした。途中で帰ろうとしたが、帰れば身に危険のおよびそうな険悪な空気を察し、心ならずも新井田まできたとき、刑部の一党が現われ、義隆を城中に迎えて、これを軟禁した。

刑部の一党として集まった者は、狼塚城主里見紀伊守・谷地森（加美郡）城主八十沢《やそざわ》備前・宮崎（加美郡）城主葛岡太郎左衛門・古川（現在、古川市）城主古川彈正・百々《どおとお》（遠田郡）城主百々左京助に中目兵庫・飯川大隅・黒沢治部少輔などといわれる。義隆の軟禁に成功したこの一味は、義隆を擁して自分らの勢力拡張をはかることに計画を変え、まず氏家を討つことにした。この謀議を知った氏家は、自存のため、伊達政宗に頼まざるをえなくなり、米沢に使者を送って援助を求めた。

このころ米沢から大崎領の南部に勢いを浸透させていた政宗は、機会をみて大崎氏を討ち、北方の脅威を除くことを策していたので、好機とみて天正十六年（一五八八）正月に兵を送り、大崎氏を攻撃した。大崎合戦は結果として和議を結んで終わったが、家臣の対立と抗争が伊達勢力の浸透を促す結果となり、領主権力を弱めたことは覆うべくもなかった。

同じ事態は葛西氏についてもみられ、その実情はつぎの葛西晴信の書状にうかがわれる。

> 今度秀吉公、北条氏直征討のため相州に発向せらるるに就いて、諸国の大将日々に小田原へ走り参り候条、我々も近日罷出る覚悟には候へども、先年浜田叛逆の砌《みぎり》同心の者ども、兼々富沢日向

守に内通これあり候間、小田原に在る中、諸事計り難しと相延し候へば、小田原の首尾如何が候もゆかしく候条、留守中の義、其方偏えに頼む事に候。小田原方首尾能く下向においてはその忠賞として桃生郡一宇宛行《あてご》う可く、若し相違するにおいて候はば、梵天大釈日本国中、大小神祇の御罰を蒙る可きものなり。仍ち伴《くだん》の如し。

天正十八年三月廿八日　晴信（印）

三田刑部少輔殿

（『岩手県史』三巻所収文書）

浜田逆意というのは、天正十六年（一五八八）気仙郡に勢力のあった浜田安房守広綱が、晴信に逆意をいだき兵乱を起こした事件を指すもので、そのとき、同心の者が通謀したという富沢日向守は、栗原郡三ノ迫《はざま》地方の岩《いわ》ヶ崎《さき》（現在、栗原郡栗駒町岩ヶ崎）城主である。

富沢氏は大崎領に接する三ノ迫地方の豪族で、葛西氏の有力な家臣であったが、逆意を企てたとの理由で天正十三・十四年の両年にわたって晴信の討伐をうけた。それ以来、葛西に恨みをいだき、大崎氏の臣岩手沢の氏家弾正と結び、伊達政宗ともよしみを通じたようで、天正十九年（一五九一）に政宗が再度葛西・大崎一揆を討ったとき、「富沢事は年来入魂《じっこん》と云い、いよ〳〵入魂ある可きの旨、懇に御伝達肝用（要）に候」（『貞山公治家記録』天正十九年三月八日条）と政宗にいわしめていることが、それを裏書きする。それゆえ、自己の留守に逆意の者が富沢日向守に通ずることになれば、領内の叛乱はもちろん、大崎氏、または伊達氏勢力の導入となって、困難な事態が生ずることを恐れたのである。

この書状で知られることのもう一つは、晴信が早くから小田原参陣の意志をもっていたことである。しかし、大崎義隆にしても同様であったであろうが、晴信は参陣を意図しながら、内部の有力家臣層の離反と対立に悩まされ、外部勢力介入の危機感にとらわれ、遂に果たしえなかったのである。そして、領主権の確立をみることなしに、秀吉の全国統一の波の中に覆役の憂き目をみるにいたったのである。

小田原不参の罪を問われ、没収された葛西・大崎領は、蒲生氏郷・浅野長吉らの手によって旧勢力が排除され、木村吉清の支配にゆだねられた。

吉清は明智光秀の旧臣で、のちに秀吉に仕えたといわれる。小田原陣に参陣し、奥州仕置のときには伊達政宗に使し、会津黒川城の接収にあたった。そうした功労が認められたものか、奥州仕置にさいし、葛西・大崎十三郡三十万石の大封を拝領したのである。「小田原陣立書」（「伊達家文書」）によれば、吉清は三百騎の将にすぎないので、いわば小身といえる。それが三十万石の俄《にわか》大名に抜擢されたことは、はじめから多くの問題を含むものであった。

八月に封地にのぞんだ吉清は、寺池に居城を定め、古川城（現在、古川市内）にその子清久を置き、朝日・峠・飯倉・清水・中村・金森・二桜（以上磐井郡）・岩谷堂《いわやどう》（江刺郡）・水沢（水沢市）などにそれぞれ部将を配置して、領内の支配体制を固めたが、それについて、『伊達日記』は、つぎのように批判を加えている。

木村伊勢守、大崎・葛西十二郡拝領に付き、上方大名衆の家中ども、伊勢守大名に成られ候間、知行を取るべき由存じ暇を乞い、また迯《に》げ隠れ伊勢守へ奉公仕り候。伊勢守は登米に在城、子息彌市右衛門は古川に在城にて候。大崎・葛西の本《もと》大名どもを押除け、小者五人・十人召しつれ候者を城主に仕《つかまつ》られ候故、其もの共家中これ無きまゝ、中間・小者・あらしゆ（荒子）のやうなる者を侍につくり立て、本侍・百姓の所へ押しこみ〳〵八木（米）を取り、百姓の下女・下人をうばい、歴々のよめ・むすめを我が女房にうばい取り、沙汰のかぎりの仕様によって侍・大将ともに末の事は存ぜず、当座無念をおこし、柏木山にて最前に一揆を起して、其の近辺に居候上人《かみのひと》討ころし候由承る。（後略）

ここには、俄大名の悲しさか、封建権力の爪牙たるべき家臣団の微弱さと、それによる暴政が一揆誘発の原因となったことを指摘している。暴政といわれるものの内容は後述するとして、家臣団構成をみると、大崎の旧臣高泉長門隆景入道布月斎・氏家総太郎・鴫《さぎつき》月豊前・直山次郎継重、葛西の旧臣黒沢豊前などが家士に召し抱えられたことが知られるから（『貞山公治家記録』）、大崎・葛西の旧臣を加え、新付の家臣を迎え入れたにしても、譜代の臣は少なく、にわか召し抱えの劣悪な侍が多かったようである。そうした構成の弱さは、葛西・大崎一揆の勃発とともに暴露された。そのとき、葛西・大崎の旧臣の多くは木村氏を離れて一揆と合体した。多くの支城に分散した寡少の兵は、たちまち一揆に討たれ、城は攻略された。

暴政として指摘されるものは、その現象だけで批判することのできないものをもっている。そこには、封建権力の直接的な農民支配の意図がみられるからである。それに関連して注意すべきものに、天正十八年十月五日付で浅野長吉に送った木村吉清の書状がある。それによると、加美郡中新田の西一里半の米泉に伝馬役を課したところ、「古奉公人」・「地下年寄」らが出会い拒否したうえ、「かくし置き候刀三こし」を取り出し、喧嘩になった。そこで人数を出し、右の「いたづら者」三十余人を召し捕り、中新田で「はた物（はりつけ）」にかけた。その場合「わき《脇》百姓」は見分けて、みな助けたとある。

ここでいう「古奉公人」・「地下年寄」とは、所領を没収された大崎氏の旧家臣を示し、「わき百姓」とは、在家・名子・下人層を指すようであるから、そのまま、この時期の農村構造を現わしているものとうけとれる。すなわち、「古奉公人」・「地下年寄」というのは、いわゆる土豪・国人的な性格のもので、事実上村落に君臨する支配者であり、「わき百姓」を隷属させていたのである。それが、伝馬役賦課に一団となって抵抗したのは、この時代、一般的に課税された伝馬役にあるのではなく、「わき百姓は見分け」る態度の中に原因がひそむものと思われる。

天正十八年十月四日に木村吉清は、浅野長吉の添状とともに、円証寺に寺領百石を寄進しているが（『政宗君治家記録引証記』十四）、このことは、葛西・大崎領の検地が、長吉の手によって、このころまでに一応終了したことを思わせている。吉清は、刀狩りや、そうした検地を通じて兵農分離を進めつつ、封建的支配を強め、近世的社会秩序の確立を急いでいたものと思われる。

『伊達日記』にみる「本侍・百姓の所へ押しこみ〳〵、八木を取り、百姓の下女・下人をうばい、歴々のよめ・むすめを我が女房にうばい取」る所業も、玉造郡岩手沢の一揆蜂起の原因として「年貢の督責して、百姓の妻子を悉く繋縄す」(『貞山公治家記録』)とあるのと照合すれば、つぎの二点が浮かびでてくる。

まず第一に、検地は村落における上下の隷属関係に楔《くさび》をうちこみ、「古奉公人」・「地下年寄」を排除して、封建権力による「脇百姓」の直接的支配をはかることであった。米泉の伝馬役賦課への抵抗のとき、「脇百姓」を見分け助命したのも、その政策の現われである。しかし、それだけに、村落内に君臨した誇り高き「古奉公人」・「地下年寄」としては、新たに仕官の途を求めるか、帰農するかの二者択一の境遇に追いこまれて、新領主に対する反感をたかめざるをえなかったのである。

第二に、暴政といわれるものも、結局、人質をとって年貢の徴収にあたったことの表現である。新付の土地で人質をとり、威圧を加えながら年貢の収納を確保することは異例ではなかった。しかし村落内の領主に多年隷属した農民としては、新領主の直接的・強制的な年貢の収納は暴政と目に映じ、旧領主層と連繫して一揆に立ちあがる姿勢は準備されていたのである。

いわば、こうした大崎・葛西の旧臣と、それに隷属していた農民の不満と反感の蓄積が、浅野長吉の強力な武力の撤退とともに暴発したことは、「侍・大将ともに末の事は存ぜず、当座無念」として一揆を起こしたということによく現われている。

この検地反対一揆ともいうべき葛西・大崎一揆は、まず胆沢郡柏山《かしやま》に起こり、気仙郡・磐井郡東山にも波及し、ついには葛西・大崎・和賀・稗貫《ひえぬき》の旧臣らがいっせいに蜂起した。そのため、古川城にいた木村清久は、一揆の対策について父吉清と相談するため登米寺池城にきたり、二、三日滞在したのち帰城の途中、佐沼城に寄宿した。

その留守をうかがい、十月十六日に大崎の旧臣折野越中・八幡禰宣三光斎・斎藤勘右衛門・菊池二右衛門・別所淡路の五名が一揆を催して、玉造郡岩手沢城を奇襲し、城主萩田三右衛門をはじめ上方武士を斬殺した。ついで、勘右衛門は三町目（現在、古川市内）の一揆に合流して、吉清の家士不破《ふわ》主計《かずえ》らを追い、進んで古川城を包囲した。城には関大夫・大野総左衛門らが留守を守っていたが、一揆に包囲されて防戦も困難となり、ついに城を一揆に開いて退城した。

一方、一揆勢は佐沼を包囲したので、吉清は清久救援のため寺池を出発した。佐沼に着いてみると、大手から入城することができなかったので、搦手に回り、にわかに橋をかけて城にはいり、父子とども籠城することになった。そのときの兵数は佐沼城主成合平左衛門勢を集めても二百騎にすぎず、そのうえ、吉清に仕え、城中にあった葛西・大崎の旧臣高泉布月斎・真山式部継重・氏家総太郎らは佐沼を脱出して一揆に加わったというから、籠城はいよいよ困難な事態を示すにいたった。

浅野長吉は十月四日に大崎をたって南に向かい、十一日過ぎには二本松に到着し（延岡「堀文書」）、二十一日ごろ岩瀬で羽柴秀次に会っている（「伊達家文書」）。葛西・大崎一揆の勃発を知ったのは、白河まで進んだ二十三日ごろとされる。しかし、一揆の風聞はそのころには諸方へ伝達されたようで、伊達政宗は二十三日、一揆退治の先手を米沢から出陣せしめている（『貞山公治家記録』）。蒲生氏郷は、同じころ風聞を知り、それの確認しだい出馬すべき旨を部下に伝え、その準備を触れ（『蒲生氏郷記』）、南部信直もまた二十四日付の江刺重恒あて書状の中に、和賀・稗貫一揆を鎮定し、関東衆の下向以前に、江刺・胆沢一揆を平定しようとの意志を伝えている（『岩手県史』三）。

長吉は一揆勃発の報に接すると、ただちに浅野六右衛門正勝を米沢へ派遣し、政宗に出兵を求めるとともに、氏郷にも連絡し、みずからは二本松へ引き返し、在留することを報じた。

名生籠城

葛西・大崎一揆の確報は、木村吉清より早馬で氏郷のもとへもたらされた。それを聞くと氏郷は、ただちに飛脚をもって秀吉に報じ、徳川家康にも加勢を請い、ついで政宗のもとに使を送り、秀吉の意志のごとく、案内者として先手の出陣を求めた。

ついで、会津城の留守居には蒲生左文郷可・小倉豊前守・上坂兵庫助・関万鉄の四人を命じ、関東口白河城には関右兵衛尉一政、須賀川城に田丸中務少輔具直を、中山道口南山には小倉作左衛門（孫作）、越後津川には北川平左衛門尉、奥街道口塩川城に蒲生喜内を配置して会津の守備を固めた。

氏郷の先手は十月二十八・九日に出発し、氏郷は十一月朔日に出陣する予定で、その旨を政宗にも連絡したようであるが、二十九日より大雪が降ったため、遷延しているところに、一揆蜂起の報をうけた家康は、榊原康政らに出陣を命じ、結城秀康をして白河に出兵させることが明らかになったので、「関東衆下向」まで「相働かず内に居申し候など申され候」ては「おとこ（男）もならず」（「伊達家文書」）とて、急ぎ大雪をおかして出陣することにした。

その陣立はつぎのとおりであった。

一番先手　蒲生源左衛門・蒲生忠左衛門
二番　蒲生四郎兵衛・町野左近将監
三番五手組　梅原彌左衛門・森民部丞・門屋助右衛門・寺村半左衛門・新国上総介
四番六手組　細野九郎右衛門・玉井数馬・岩田市右衛門・神田清右衛門・外池孫左衛門・河井公左衛門
五番七手組　蒲生将監・蒲生主計助・蒲生忠兵衛・高木助六・中村仁左衛門・外池甚五衛門・町野主水佐
六番寄合組　佐久間久右衛門・同源六・上山彌七郎・水野三左衛門
七番弓鉄炮組　鳥居四郎左衛門・上坂源之丞・布施次郎右衛門・建部令史・永原孫右衛門・松

八番手廻小姓組　　田金七・坂崎五左衛門・速水勝左衛門
九番馬廻
十番跡備　　関勝蔵

これらを武者大将として、その勢六千余騎、十一月五日に会津黒川城を出陣した。その夜は猪苗代《いなわしろ》泊り、六日に阿子ヶ島着陣、七日は大雨で川水氾濫のため一日滞在し、八日に二本松、九日に政宗領内杉ノ目（現在、福島）の西南大森に着陣した（『近江蒲生郡志』延岡「堀文書」）。

大森に着陣したころまでに、氏郷の出陣通知に対する政宗の返事がきた。そのころ政宗は、浅野長吉の臣浅野六右衛門と同道して、十月二十六日、米沢を出陣し、白石を経て、十一月五日には宮城郡利府《りふ》に到達していた。その書状によると、先手として一揆の様子を見きわめるまで出陣を延期するようにと書かれていた（『貞山公治家記録』）。これにたいし氏郷は、九日付の書状で、さっそく出馬の手柄と、忠節の心をほめつつ、「いずれの道にも御一所と存じ候て」相働く所存を申し述べ（「伊達家文書」）、急進撃に移った。このとき、政宗は氏郷勢の道案内として横尾源左衛門を派遣している。

氏郷の進路は吹雪で難行をきわめ、旗は白、馬は皆月毛の駒にまごうばかりであった。桑折《こおり》（伊達郡）・苅田《かりた》（白石市内）・岩沼（名取郡）を経て、十二・三日ごろには国分《こくぶ》（仙台市内）に着陣する予定を伝え（延岡「堀文書」）、十三日までには宮城郡松森（泉町）に着いて陣を布いた。五日以来、利府に宿陣していた政宗も、それに押され、十日に松森の東北黒川郡下草に陣を移した。

十四日、氏郷は下草城に政宗を訪れ、軍略を議し、十六日、大崎表に出陣すべきことを約し、十五日、一揆討伐についての覚書を政宗に与えた（「伊達家文書」）、政宗は、十六日に氏郷を陣所の茶席に招待したのち、共々出陣する予定であった。

ところが、十五日の夜、政宗の臣須田伯耆《ほうき》なる者が密かに氏郷の陣中にしのびきたり、政宗は茶の湯の席上で氏郷を殺害すべく企てている旨を告げた。そこで氏郷は計画を急に変更し、その夜のうちに松森を出で、黒川郡舞野を経て北進し、翌十六日、玉造郡名生《みょう》城を攻めて占領し、ここにたて籠った。

そのため、政宗は十六日に志田郡松山城に移り、二十日には志田郡中目《なかのめ》城に中目相模を、師山《もろやま》城（二者ともに現在、古川市）に師山彌三郎を討って城をおとし入れ、二十一、二日ごろに栗原郡高清水城に高泉長門隆景入道布月斎を降し、ついで宮沢城に岩崎讃岐義久父子を攻めて両城を収め、一揆を許して召し抱えることにした（『貞山公治家記録』）。

しかしながら、これらの件について、蒲生側の記事は、伊達側と異なるものがある。『氏郷記』には、十七日舞野に着き、十八日の朝茶の湯に招かれて政宗の陣に行き、十九日を期して高清水城に向かう約束をした。しかし、茶席で政宗に毒を盛られたことを知り、帰って急ぎ毒をはいた。政宗の真意を疑った氏郷は、その日にわかに兵を出し、本街道を北に向かい、街道筋に放火しながら進んだ。

沿道にあった飾間（色麻、加美郡）や中新田（同上）両城の一揆はその威に恐れ、開城したのでそれを収め、その日は中新田に一泊した。氏郷の進撃につれ政宗も兵を動かし、氏郷勢の東側を進撃した。中新田で氏郷は政宗に明日高清水を一緒に攻めるように申し入れたところ、政宗よりは、病気のため明日は先手することができない旨の返事を得た。

氏郷は十九日、単独で高清水を攻撃することに決し、中新田を出たところ、途中、名生城よりの攻撃をうけた。政宗の言によれば、佐沼の手前には高清水城以外に一揆の城はなかったはずであったから、政宗への疑惑をいっそう深めた。名生城では激戦の末、敵六百八十余を討ち取り、その城を収めた。その夜、政宗の臣須田伯耆（『氏郷記』には山戸田八兵衛、牛越宗兵衛両人）が氏郷の陣に駆け入り、政宗は一揆と通謀し、氏郷を討ち取る陰謀をたくらんでいると告げた。

この記事のうち日付を前記伊達側のものと比較すれば、黒川郡到着以後三日ほどの食い違いがある。氏郷は十一月九日、大森に着陣したのち、十一日付で先手に進む蒲生源左衛門にあてた書状の中に、十三日ごろ国分（仙台市内）に着く旨を知らせ、十六日付の書状では、明十七日「陣場見」に出向くから、黒川郡へ進み待つよう命じている（『近江蒲生郡志』所収、延岡「堀文書」）。それゆえ十七日に舞野に着いたとあるのは、事実のようである。その間、松森に宿陣したことも事実であろう。『氏郷記』に大森から桑折・苅田・岩沼・丸森（伊具郡）を経て舞野に着陣したとあるが、丸森は順路からみて松森（宮城郡）の誤りと思われる。そうすれば、十五日に「覚書」を与えたことと矛盾しない。

また茶の湯の招宴は松森より舞野に布陣したときとするのもおかしくない。そうだとすれば、十八日に飾間・中新田の両城を収め、十九日に名生城を攻略したというのも、時間的に否定できないようである。

氏郷の政宗に対する疑惑は、『氏郷記』や『会津四家合考』など、出陣のときより抱かれていたと伝えている。それが具体的に現われているのは、十一月十八日付で蒲生源左衛門に与えた書状である。氏郷はその中で、五日に会津黒川城をたったのち、九日大森に着くまでの経過を述べ、「一、九日大森、政（政宗）一左右《いっそう》（とかくの便り）候間、相待《あいまち》くれ候へと申来候、ふしん《（不審）》に候」と書いている。そうだとすれば、舞野着陣後の政宗との会合のとき、重大な意志の疎隔があったようである。それに関連して、氏郷の出陣の通知に、政宗が「先ずもって御出馬相扣《ひか》へらるべし。公（政宗）御出陳《（陣）》し給ひて一揆の様躰《ようたい》委しく御見聞あり、追て御左右に及ばるべし。その節御出馬然るべし」（『貞山公治家記録』）との意味の回答を送ったことが追想され、氏郷の出馬を抑止したのは、政宗の一揆と通謀するために、時を稼ぐ手段であったかのごとき疑惑がもたれたのである。その度重なる疑いに拍車をかけたのは、須田伯耆の密告であろう。

氏郷は名生城に入城するや、兵糧を入れて動かなかった。二十日、政宗が松山・中ノ目・師山の諸城を攻略したことは、両者の仲たがいを察して名生城に氏郷を訪れた浅野正勝に面会もせず、与えた書状に明らかである（「伊達家文書」）。そのとき、氏郷は政宗の功績をたたえ、褒美を賜わるよう、できるだけ秀吉に執成《とりな》しをすることを約し、高清水攻撃には「政宗御跡へ我等先手取つづき動き申す可き」由を申し送った。

しかし、氏郷は高清水・宮沢攻略にも参加せず、二十四日の佐沼城救援にも出陣を約しながら、病気を理由にして兵を出さなかった。佐沼城に木村父子を包囲していた一揆は、政宗勢の到着を知ると退散したので、木村父子

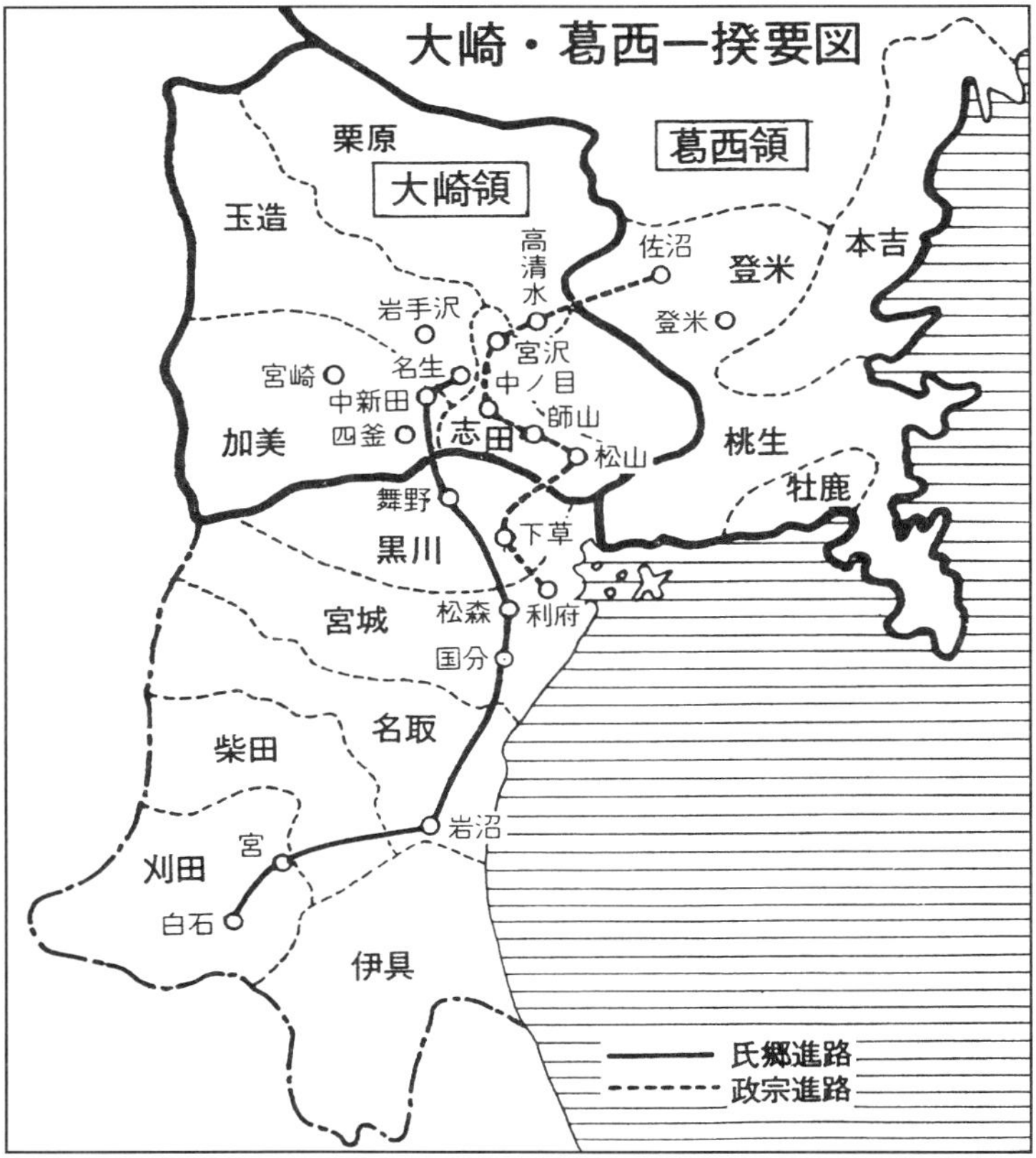

の救出には成功した。その報告をうけた氏郷は、浅野正勝に書を送り、政宗の功績を秀吉にとりもつことを約した。しかし、その同じ二十四日に、政宗別心の旨を秀吉に報告している。その内容を秀吉の側近にあった政宗の入魂衆《じっこん》和久宗是の書状にみると、

一、須田伯耆が政宗に異心があると通謀したこと。

一、一揆持ちの城には皆政宗の幟《のぼり》・小指《こざし》が掲げられている。

一、いずれの敵城にも政宗より鉄炮をはなつこと（合図の意味か）。

のごときものである。

なお、それについて、いろいろな臆説のあることも報じている（「伊達家文書」）。

その氏郷の疑念も、佐沼開城とともに名生にきた木村吉清と浅野正勝より、脱出の模様などの話を聞き、いったんは晴れたかにみえた。すなわち、十一月二十六日、政宗に逆心のない旨を秀吉に報じ、二十八日には政宗と起請文を取り交わしている。秀吉は最初の報に接すると、十二月十五日に羽柴秀次と徳川家康に氏郷を救援することを命じたが、後報を受け取ると、その報告の前後につじつまの合わない点があることを怒り、「言語道断、沙汰の限り」（「伊達家文書」）として、ただちに出兵をとりやめた。

両者の取り交わした起請文の中で、氏郷は佐沼城に木村吉清父子を助けた政宗の忠節を認め、葛西・大崎領を政宗に、預けられるよう秀吉に執成すことを誓い、政宗は、吉清父子を助けたことは氏

郷の働きであると功をゆずり、今後氏郷に別心、表裏のないことを誓った（「伊達家文書」）。それにしても、政宗が佐沼救援の功を氏郷の働きとするのはなぜであろうか、疑問が持たれる。

政宗が一揆と通謀して氏郷を討ち果す計画をいだいていたかどうかは、明白でない。しかしながら、大崎の旧臣を召抱えたり、また宮沢・高清水攻略のときは、守将の降参の申出でにも、人質を取った上で召抱えている。さらに、人質を浅野長吉のもとに送るべき要求に対しても、容易に応じなかった（「伊達家文書」天正十九年正月九日「浅野長吉書状」）。また、事件が起こってから間もない十月二十三日に、葛西の旧家臣にあて、「大崎在々所、一揆に手替《てがえし》（謀叛）の義、是非無き次第に候、これに依り、当方惣人数早打ち申付け候。時宜においては、晴信に申届け候」（『政宗君治家記録引証記』）といい、一揆退治の際、場合によっては葛西晴信の協力を求めることを伝えた。また十九年閏正月朔日には、自己の上洛を伝えるとともに、「上洛の義、前日申述候き、今に参着無く候か、御来章披見せしめ候」（「伊達家文書」）と、葛西氏の旧領回復に尽力する素振りを示すなど、一方には氏郷を牽制しながら、他方では在地土豪を懐柔して、自己支配の拡張を計りつつあった点は間違いないようである。そうした政宗の動向についての不審は、氏郷ばかりではなく、徳川家康の将榊原康政もいだいたようで、政宗の態度を「一向見分けず」と報告している。

しかしながら、氏郷が名生に籠って動かず、政宗の行動を監視しつづけていたことは、政宗にとって不気味に感ぜられ、その野望をたくましゅうすることもできなかったようである。また氏郷と結ばれ親交があり、秀吉政権の要職にある浅野長政の督励もあったので、一揆の籠る城の攻略につとめたものであろう。しかも政宗は、両人の背後にある中央政権の動向を、秀吉の側近にある政宗の「念ごろ衆」より逐一通報を受け、その政宗への態度が、しだいに硬化の方向に傾く形勢も熟知していたようである。たとえば、和久宗是よりは十二月二十八日付けで、秀吉は氏郷の前後の注進状の矛盾するのを「酒に酔たるやう」だと評したが、榊原康政の通報をうけとると、十二月二十七日に、羽柴秀次と徳川家康に出陣を命じ、氏郷が会津に帰ったら、どこからでも帰ってもよいが、それまでは留まるように指令し、春になれば雑説の次第を糺明し、政宗に不都合があれば誅罰を加えるとの意志を示したと報じ、急ぎ上洛して、方々に手を回し、雑説を除くべきことを進言している（「伊達家文書」）。そうした情勢の中で政宗は、木村父子救出の功を氏郷の働きに帰することにより、疑惑の種子を除こうと企てたものにちがいない。

『氏郷記』にはまた、そのころ会津騒動のあったことを伝えている。

政宗は十二月二日に大崎・葛西の地をたって飯坂（現在、福島市内）にはいり、それより会津攻略を志したが、氏郷の後攻《あとぜ》めを恐れ、そのときは果たさなかった。十二日になって、塩川に城主蒲生喜内より、今夜奥（米沢方面）から政宗来襲の情報があったから、至急に救援を頼むとの急報が黒川城にもたらされた。

会津の留守居蒲生左文らは、かねて予期したことであるから、塩川を救援するとともに、所々を固めた。今日か明日かと待つほどに、城下の動揺もはなはだしく、町人どもは家財道具をとりまとめ、避難準備でごったがえした。しかも、町奉行の制止も効がなかったので、ついに町人百余人を召し捕り、はり付けにかけて、ようやく混乱を静めたといわれる。

これを他に確かめる方法はない。しかし、こうした風聞が生じるほど、蒲生・伊達の関係は悪化しており、政宗の行動には推測することのできない、なにものかがあったようである。

そのため、氏郷としては、起請文を取り交わして和解したものの、政宗の心情になお疑問をもった。木村父子の救出の目的は達せられ、冬にはいって戦いも困難になったにもかかわらず、名生に座して動かなかった。まさに腹芸の対立であった。

このころ、大森に在陣した浅野長吉は、終始、両者の和解に努めた。十二月十七日には政宗を大森に招き、大崎・葛西の様子をたずね、上洛のことを相談しようとした。高清水城にあった政宗は、この日出発して杉ノ目に至り、そこから弁明の「覚書」を長吉に送った（『貞山公治家記録』）。しかし、長吉としては、氏郷の意見も聞く必要があったので、使を遣わして名生の氏郷を招いた。それにたいし、氏郷は名生を出るためには、政宗の誠心を確める必要があるとして人質を要求し、留守上野介政景・伊達藤五郎成実の中一人を求めた。長吉からその旨の連絡を受けた政宗は、かわりに国方彦九郎盛重を名生に送ったが、氏郷は代人では承知しなかった。しかたなく政宗は政景と成実に浅野正勝を添えて名生に赴かしめた。三人は十九年正月元日名生に到着した（『貞山公治家記録』）。なお、師走二十八日に着いたとする説もある（『氏郷記』）。

それで心の解けた氏郷は、元日に三人を同道して名生を出発し、下草・岩沼・宮・大森を経て、十一日、二本松に至り、ついで、黒川に帰城したといわれる。

氏郷の会津帰城によって、一月五日、江戸城を発していた家康は、岩槻から兵を返し、十三日、江戸に帰着した。また、佐竹・岩城の兵を督して一揆を討つべく、一月十日、相馬に達していた石田三成も、同じく帰京の途についた。

帰城して間もなく、氏郷は上洛の途につき、一月二十六日、二本松で長吉に会い、二十七日に出発した（「伊達家文書」）。一方、政宗は、「寒天の折りから葛西・大崎一揆の討伐を一時中止し、まず上洛せよ」との秀吉の朱印状にそえて、家康の上洛勧誘をうけた。さらに、「一日片時《かたとき》も御急ぎ尤に候」と長吉の上洛の勧めもあって、一月三十日に米沢を出発した。

政宗は閏正月二十六日までに尾張清洲に到着した。その十一日より尾張に鷹狩りにきていた秀吉は、清洲で示威のうちに政宗を引見し、ついで京に向かった。そのあとにつづいた政宗は、死装束に金箔《きんぱく》を押した「はたもの」柱（はりつけ柱）を先登に立てて入京したといわれる（『氏郷記』）。死を覚悟したとはいえ、政宗の豪胆さと伊達者《だてしゃ》と抜け目のない風格が目に見えるようである。

秀吉は政宗の行動について詰問したが、深くは追求せず、これを許した。名護屋の陣のおり、このときのことを、彼《か》の男、去年野心を含み方便をなし、様々にして氏郷を討たんと計りけれども、氏郷大剛の者なれば、透間《すきま》あらせず会釈《えしやく》しけるに依って、度々仕損じたること、我れ委細に聞て事の根源は知りけれども、かく三韓の軍を心にかけぬれば、彼の者の重科を免し置きなば、其の恩を感じ、異国に渡りて忠功をも存ぜし。（以下略）

と『会津四家合考』にあるのが、事の真相であろう。

ただし秀吉は宥免《ゆうめん》の代償を取ることは忘れなかった。二月九日、政宗に木村吉清より没収した葛西・大崎領を与え、会津近辺五郡を奪って氏郷に与える案がまとめられている。しかし、五郡の決定はいまだ結論がでなかったようで、政宗は田村・塩松《しおのまつ》・信夫《しのぶ》・小野（田村郡）・小手《おて》（伊達郡の南部）の五ヵ所をあてられることを希望し、「念ごろ衆」を通じ、さまざまに奔走した。その決定は秋まで延期されているから、事情は流動していたものであろう。

この葛西・大崎一揆にかもし出された氏郷と政宗の間によこたわる悪感情は、容易に消えなかったようである。秀吉は両者の和解をはかるよう前田利家に命じた。利家は二人のほか浅野弾正（長吉）・徳善院（前田玄以）・長岡越中（忠興）・金森法印（長近）・有馬法印（晴信）・佐竹備後（義宣）そのほか五、六人を自邸に招いて酒席を設けた。政宗は肩衣に朱鞘一尺八、九寸の大脇指を帯び、気おされまいと緊張して控えていた。利家はその脇指を見て「政宗はだてなる仕方」とさぐりを入れると、政宗はぎくっとしたが、気をとりなおし、「遠国にて候故」と答えた。酒宴になって、二人に酒をさしながら利家は「酒おさまり、何事も〳〵無事にて相済み候」ととりなした。そのとき、勝手衆のうわさには、「政宗もよく我慢したものだ」、「氏郷も豪気だから、堪忍ならぬこともあったろうに」とあるのをみれば、両者の不和は相当のものであり、また、この宴席で解決のつくほど単純ではなかったようである（『利家夜話』）。

九戸一揆

葛西・大崎一揆の討伐は、木村吉清父子の救出をもって一段落とし、その徹底的な鎮圧は冬期の寒さと、天正十九年（一五九一）正月の氏郷・政宗の上洛によって一時休止となった。

一方、南部地方では一族九戸《くのへ》政実《まさざね》の叛乱があり、「当春に到りても、同心共二、三人逆意せしめ、二十里、三十里の間、毎日掛け合う体に候」（「上杉家文書」天正十九年二月廿八日「南部信直書状」）状態であった。そのため南部信直は早くより秀吉に救援を求めていた。

それにたいし、中央の奥州再仕置の方針は、四月ごろまでにはほぼ決定していたようで、四月十四日、二本松に残留していた浅野長吉が南部の一族東中務直義にあてた書状には、「今後羽柴忠三郎殿（氏郷）・政宗罷り上られ、仕合《しあわせ》能く近々下国の由候条、其の次第に御人数出さるべき旨に候。しからば津軽・仙北口よりは北国の御人数出され、葛西・大崎表へは家康・中納言殿（秀次）御助けなさるべき由に候。其の間の儀、今少しの事に候」(『宝翰類聚』)と仕置軍の出陣を報じている。

また氏郷は四月二十三日付けで京都より蒲生源左衛門あてに書を送り、「奥郡の様子仰せ出され候条」近日帰国することを伝え(『日野町史』所収、延岡「堀文書」)、ついで六月十四日、二本松に着し、会津に帰り出陣の準備に着手している。一方政宗は、羽柴侍従の栄を与えられて帰国の途につき、五月十九日に二本松に着して長吉に会い、その後米沢に帰着して、六月十四日には葛西・大崎に向かって出陣した(「伊達家文書」・「遠野南部家文書」)。

六月二十日、秀吉はつぎのような奥州奥郡再仕置の軍割りを発令した。

一番　羽柴伊達侍従(政宗)
二番　羽柴会津少将(氏郷)
三番　羽柴常陸侍従(佐竹義宣)
四番　宇都宮彌三郎(国綱)
五番　羽柴越後宰相中将(上杉景勝)
六番　江戸大納言(徳川家康)
七番　羽柴尾張中納言(秀次)

秀次・家康の本隊は二本松通りを北進し、大崎地内に駐在して仕置を総括することとし、佐竹義宣は岩城・相馬および宇都宮彌三郎とともに相馬通りを進み、それに石田三成を横目につけた(『貞山公治家記録』)。上杉景勝は出羽諸勢とともに最上筋を北に向かうこととし、大谷刑部少輔吉継を横目に配した(「上杉古文書」)。

九戸一揆討手の大将は蒲生氏郷、葛西・大崎一揆は伊達政宗、加勢の大将軍は秀次で家康はそれを補佐し、堀尾帯刀を武者大将、浅野長吉は奉行と定められた(『氏郷記』)。

氏郷は九戸出陣にあたって、まず法度を定めた。

法度条々

一、備《そなえ》々の者共、他の備へ一切交る可からざる事。
一、武者押しの間に道通の家へ一切はいるまじき事。
一、用所申し付けざる者は、上下に依らず脇道すべからざる事。
一、宿取り遣すまじき事付宿奉行次等に請取るべき事。
一、武者押しの間に馬上・下々・鑓《やり》持等に至る迄、高声・高雑談すべからざる事。
一、鳥類・畜類走り出ずと云えども、高声をし、一切に追廻すべからざる事。
一、武者押しの間に高笑上下共にすべからざる事。
一、喧嘩口論仕る者は双方理非に立ち入らず曲事となすべきの事。
一、与《くみ》々を外し、思ひ思ひに陣取候事、曲事となすべき事。
一、野陣に於ては、一夜の陣たりと云えども柵を振るべき事。

一、武者押しの早さ、太鼓次第たるべし。留太鼓を能く聞き候て、田の中、川の中、橋の上たりと云えども踏止まるべき事。

一、先手何れの備にて手に相（逢）うと云えども、勝負に依らず、下知無き以前に助け候事、曲事となすべき事。

一、城攻め合戦、足軽等に至る迄、下知を申し付けざる以前に武篇を取結び候はば堅く申し付くべき事。

一、馬取放し候者は曲事となすべき事。

一、火を出す者は成敗すべし。捕へ迯（逃）し候はば、解死人（下手）を引くべき事付陣払いすべからざる事。

一、羽織・猩々皮の外は指物指し候はぬ者は曲事となすべき事付鎗《やり》印一手々々、思い思いの事。

一、前立物同じ如く揃えらるべき事。

以上

七月十三日　氏　郷（判）

鳥居四郎左衛門殿

上　坂　源之丞殿

それとともに、今度上方で召し抱えて連れ下った真田安房守昌幸の弟真田隠岐守および曾根内匠助《たくみのすけ》に信玄流の押え太鼓を命じ、それによって軍の進退を指図することに定め、弓・鉄炮大将鳥居四郎左衛門と上坂源之丞を軍奉行とした。会津の留守には小倉豊前守・上坂兵庫助をあて、七月二十四日に出陣した。その陣立てはつぎのとおりであった。

一番右一番　蒲生源左衛門尉
　左二　蒲生忠右衛門尉
二番右三　蒲生四郎兵衛尉
　左四　町野左近将監
三番　田丸中務少輔
四番　関右兵衛
五番五手組右　梅原弥左衛門尉・森民部丞
　左　門屋助右衛門・寺村半左衛門尉・新国上総介
六番六手組右　細野九郎右衛門尉・玉井数馬助・岩田市右衛門尉
　左　神田清右衛門尉・外池孫左衛門尉・河井公左衛門尉
七番七手組右　蒲生将監・蒲生主計助・蒲生忠兵衛尉
　左　高木助六・中村仁右衛門尉・外池甚五左衛門尉・町野主水佑《とのものすけ》
八番寄合組右　佐久間久右衛門尉・同源六・真田隠岐守・曾根内匠助
　左　山上彌七郎・水野三左衛門尉・成田下総守・同左衛門尉

九番右二　岡部玄蕃允組
　左一　松浦左兵衛尉組
十番弓鉄炮右二　弓　鳥居四郎左衛門尉　鉄炮　上坂源之丞・布施次郎左衛門尉
　左一　鉄炮　建部舎人《とねり》・永原孫右衛門尉・松田金七・坂崎五左衛門尉・速水勝左衛門
　　尉
十一番前備　結解十郎兵衛尉・岡左内・関勝蔵・河瀬与五兵衛尉・伊賀衆
十二番手廻　右左小姓組・馬廻右手六組・左手六組
十三番後備右　蒲生左文・蒲生千世寿
　　左　蒲生喜内・小倉孫作・北川平左衛門尉

都合三万余騎といわれるが、誇張もあるようである。

七月二十六日、二本松に着陣、このとき浅野長吉は先行しており、氏郷は二十七日に桑折まで進み、二十八日には長吉に追いつく考えであったようである（『近江蒲生郡志』所収延岡「堀文書」）。しかし、徳川家康より、秀次の到着を待って会談の予定がある旨の連絡がなされ、また道案内を頼むとの申入れがあったので、出陣を延期している（「伊達家文書」）。

八月六日、秀次は二本松に着陣し、家康に氏郷・長吉・政宗らをまじえて会談が行なわれた。七・八日ごろ氏郷・長吉は秀次勢のうち堀尾帯刀吉晴、徳川勢の中より井伊直政を同道し、二本松を進発、二十日ごろに胆沢郡にはいり、二十三日に和賀に着陣した。不来方《こしたか》（盛岡）で南部信直に迎えられ、進撃して沼宮内《ぬまくない》（岩手郡）近くに着陣したのが二十七日である。それより北はすでに九戸一揆の勢力圏であった（延岡「堀文書」）。

九月一日、二戸郡にはいり九戸城に向かう途中、一揆の出城姉帯《あなたい》・彌《ね》曾利《そり》（根反）の二城を攻めた（「浅野家文書」）。姉帯城は一味の姉帯大学兼興の拠る所、氏郷の先手蒲生源左衛門・蒲生忠右衛門の手勢が攻めつけたところ城兵

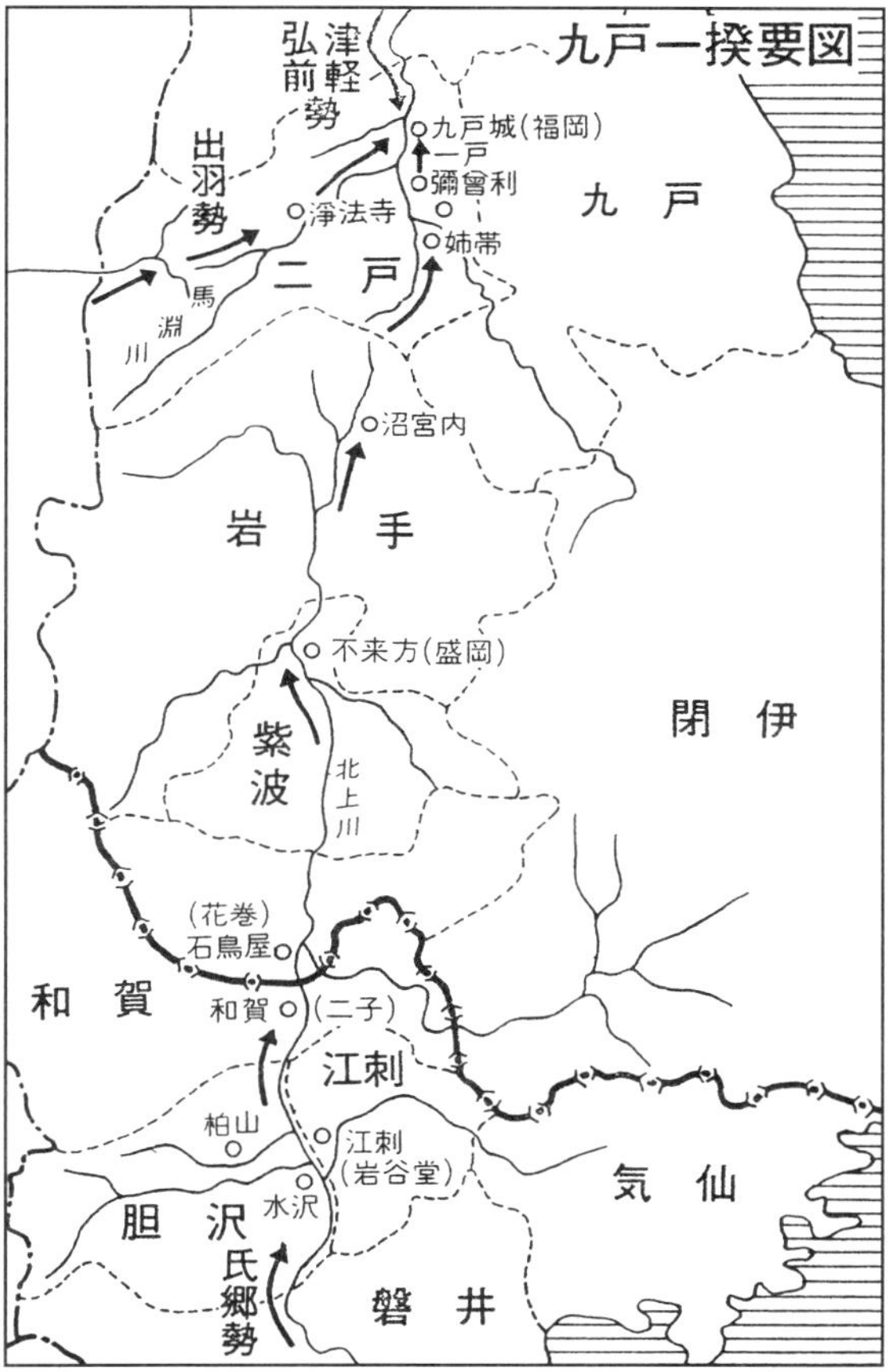

はたちまち敗れ、搦手から脱出をはかった。待ちうけた関右兵衛の兵はこれを捕捉しことごとく討ち取った。姉帯の急を聞いて、その救援に駆けつけた彌曾利の兵も、田丸中務少輔の兵に討たれた。田丸勢は逃げるのを追って彌曾利に押し寄せると、守将彌曾利彌左衛門は戦いを不利とみて、城を棄てて逃がれた（『会津四家合考』）。

姉帯・彌曾利落城に意気あがる氏郷勢は、日暮れに一戸城を攻囲しようとしたが、一揆勢はいちはやく城を開いて九戸城に去ったので、難なく占領することができた。敵は波打峠に兵を伏せて守っていたところ、氏郷は一手の勢をそれに向かわしめ、本軍は迂回して九戸城に向かって進撃した。

翌二日には九戸城の包囲が完成した。これより先、出羽諸勢は六月二十日付けの朱印状で九戸出陣の命を受け、大谷吉継の指図を受けることになった（「秋田家文書」・川越「山内文書」）。出羽勢は二隊に分かれ、北部出羽の小野寺義通・戸沢盛安・秋田実季・由利諸党は鹿角郡より浄法寺口（二戸郡）を経て、城西の馬淵川にそって陣し、その北には南下してきた津軽為信・松前志摩守慶広勢が布陣した。

なお、上杉景勝・最上義光らは大谷吉継とともに大崎口より葛西の地にはいり（「秋田藩家蔵文書」所収「最上義光書状」）、上杉景勝は八月二十二日に胆沢郡柏山《かしやま》にあって、その地方の館の普請にあたっていたことが明らかであるから（「上杉古文書」）、大谷吉継の胆沢・江刺両郡の仕置の援助にあたっていたものと思われる。また、石田三成は相馬通りから本吉・気仙郡にはいり、ついで江刺郡にはいって仕置にあたっていた。

九戸籠城軍は主将九戸政実、櫛引《くしびき》清長らをはじめとして五千余人と伝える（『岩手県史』三）。包囲と同時に氏郷らは兵を城の堀ぎわまで攻め進めさせ、「竹束《たけたば》」を立て、連日火矢・鉄炮で攻めたてた。その強力な軍勢に一揆勢も敵しかね、四日になって九戸政実・櫛引清長はともに髪を削って城を出て降服し、その妻子もみな捕えられた。残る兵はみな二の丸に追いこめ、警固の兵をつけて逃がれるのを防ぎ、火をかけて全滅させたといわれる（『氏郷記』）。

攻囲軍は落城後ただちに事後処置に着手し、六日には戦乱によって四散した近在の住民に還住命令を発するとともに、氏郷を中心に城館の修理・改築に従事した。この年の九月十日に書かれたとおもわれる浅野長吉あての氏郷書状によれば、外丸は修理の要なく本丸は十一日にはできあがり、小丸については相談したい旨を報じているので（「浅野家文書」）、そのころは、いまだ九戸城修理のさなかにあったようである。修理なったのちにその城は南部氏の居城にあてられた。

攻囲軍は九月十五日ごろから逐次撤退を始めたようである（「浅野家文書」）。しかし、氏郷は帰還に先だって南部信直と起請文をとりかわして親交を結び、その妹（義妹）と信直の嫡子利直との婚約をすませて出発したようである。九月二十日に沼宮内に着き、そこから伊達政宗にあて、「当表の儀平均に申し付け悉く隙《ひま》明き候」（「伊達家文書」）と申し送っている。

氏郷が会津黒川城に帰ったのは十月十三日であった。この間に懸案であった所領問題も解決し、九月二十日ごろ伊達氏の旧領を収め、田村・塩松・伊達・信夫・刈田ならびに出羽長井上・下二郡の七郡が「両度の勲功」により氏郷に加増された（『信直記』）。政宗はそれにかえて、葛西・大崎の地が与えられ、九月二十三日に、徳川家康によって普請された玉造郡岩手沢城に居城を移し、ついで岩手沢を岩出山《いわでやま》と改めた。

しかし、八月には伊達氏移封の監視として松下石見守之綱・山内対馬守一豊が米沢に派遣され、政宗の家中衆の奥移転につき、荷物運搬の便をはかること、奉公人衆手作りの田畠の立毛苅取りの禁止、軍勢兵糧米を除く米沢領内俵物の持出し抑制などの禁令を下しているから（『歴代古案』）、伊達氏の移封処理は八月中から進行していたようである。

領国の経営

会津若松城

九戸一揆鎮定の功賞として新たに加増された七郡を、従前の所領に加えると、氏郷の知行高は七十三万四千二百七十石となった。

それに文禄三年の検地の結果として打ち出された十八万五千五十石を加えると、九十一万九千三百二十石となり、徳川家康・毛利輝元につぐ大封となった。

十月十三日、黒川城に帰還した氏郷は、功労に応じて、家中諸士の知行の割り替えを行なった。その主なる者はつぎのとおりである。

蒲生氏郷天正十九年重臣構成

一、城持衆の類別

関係	氏名	知行	支城	備考
支族	蒲生郷貞	一〇、〇〇〇石	長沼城	上野田氏
	小倉孫作	六、三〇〇石	南山城	作右衛門
姻族	田丸具直	五二、〇〇〇石	三春城	伊勢田丸城主
	関一政	四八、〇〇〇石	白河城	伊勢亀山城主
譜代	町野繁仍	一八、〇〇〇石	二本松城	左近助
	北川平左衛門	七、二〇〇石	津川城	土佐
	玉井貞右	一〇、〇〇〇石	猪苗代城	数馬助
新付	木村吉清	五〇、〇〇〇石	杉目(福島)城	伊勢守、大崎・葛西領主
	蒲生頼郷	六、〇〇〇石	塩川城	喜内、佐々木（近江）牢人
	蒲生郷安	三八、〇〇〇石	米沢城	四郎兵衛　右同
	蒲生郷可	一三、〇〇〇石	中山城	左文、柴田勝家牢人
	蒲生郷成	四〇、〇〇〇石	白石城	源左衛門、右同
	佐久間盛次	一〇、〇〇〇石	小国城	久右衛門、右同
	蒲生忠右衛門	二五、〇〇〇石	四本松城	滝川一益牢人

二、会津旗本の類別

譜代	森民部丞	五、五〇〇石	
	門屋助左衛門	五、〇〇〇石	
新付	蒲生将監	六、〇〇〇石	美濃国牢人
	蒲生千世寿	六、〇〇〇石	佐々木（近江）牢人
	寺村半右衛門	五、〇〇〇石	右同
	佐久間源六	五、〇〇〇石	柴田勝家牢人
	真田隠岐守	六、〇〇〇石	真田安房守弟
	曾根内匠助	六、〇〇〇石	真田の家臣
	浅香左馬助	一〇、〇〇〇石	松浦太兵衛（不明）

注　『氏郷記』および『近江蒲生郡志』などによる。

そのほか千石以上の侍は百二十余人にのぼったといわれ、そのため蔵入れ分は九万石にすぎなかったとされるが（『氏郷記』）、氏郷死後直後の『会津知行目録』には十八万二千二十石とあり、『慶長二年（一五九七）秋藤三郎倉入在々高物成帳』によれば二十五万千八百石となり、相互に食い違いがある。

支城は東部を南北に通ずる仙道（阿武隈川の谷ぞいの街道）の南北の関門である白河・白石、仙道より会津への入口にあたる要衝長沼・二本松・猪苗代、相馬に対する塩松・三春、長井への通路杉ノ目

文禄四年五月『会津知行目録』

事項		高	備考
前高		734,270石	
文禄３年検地打出し分		185,050	
新高		919,320	
荒れ高		60,300	
残り		859,020	
内	家中支配	657,550	
	きりふ（切り符）	10,000	物成り３つ８ふんとして3,800石,上・会津・京・大坂・伏見の留守居侍及び中間の切り符
	扶持方	9,450	物成り３つ８ふんとして3,600石,徒士・留守居年寄・仲間・職人の扶持分
	蔵入分	182,020	

注　『島津家文書』豊臣秀吉朱印状による

（福島と改名）など、また黒川城より南の関門南山、北方長井への通路塩川、長井の中心米沢、最上氏との境目中山、越後口津川・小国に設け、それに、それぞれ城持衆を配して四周を守らしめ、領中の仕置奉行には蒲生四郎兵衛郷安を、その加判としては町野左近将監繁仍《しげより》・玉井数馬助貞右《さだすけ》を命じた。その構成の特色は、いわゆる外様《とざま》的な在地土豪的勢力が含まれていないことである。支族ならびに日野時代からの譜代は別として、田丸具直・関一政はともに伊勢の豪族であるが、いずれも氏郷の妹婿であり、松坂時代に与力として付けられた人々であって、外様とはいえない。新参の人々にしても多くは日野時代以後に氏郷に召し出された豪勇の士であり、氏郷との親近性が強かったので、総体的に氏郷の領国経営の中枢は、一族ならびに旗本的な家臣団によって占められていたともいえる。

しかしながら、氏郷との個人的な結びつきは固くとも、各相互の関係は円滑でなかった場合もあったようである。たとえば蒲生左文郷可は近江の住人上坂伊賀守の子上坂兵庫助の養子で、氏郷の従子（甥）の子の婿であった。はじめ浅井氏に仕え、その滅亡後柴田勝家に従い、勝家の滅びたのち、氏郷に頼って秀吉への出仕を願ったが、氏郷は左文が武芸に優れているのを惜しみ、それを自分の家中に留め扶持した。左文としては志とちがった「述懐《じゅかい》（ぐちの多い）の奉公」であったため何事につけわがままであったといわれる（『氏郷記』）。左文は出羽長井の中山城を宛行《あてが》われたが、米沢の蒲生四郎兵衛郷安と仲が悪く、文禄元年十月十六日、氏郷の名護屋出陣の留守に、逃散者のやりとりを原因にして、両者はあわや戦いをまじえようとした。このとき、弟上坂源之丞や、これも郷安と不仲の蒲生源左衛門郷成も郷可に味方しようとしたが、結局、郷成・蒲生忠左衛門・蒲生喜内らのとりなしによって血を見ずに落着したことを伝えているのが、その一例である。

しかし、郷安と郷可・郷成の不仲は、氏郷の死後において再発し、ついには、蒲生氏の宇都宮移封の一因をつくりだす結果となったのである。

それはともかくとして、一応体制を整えた氏郷は、秀吉に加増御礼を言上するため、十一月に上洛した。その十二月二十二日、秀吉は関白職を羽柴秀次に譲り、隠居して太閤《たいこう》と称することになった。二十八日、その拝任のため参内したとき、諸大名もまた供奉した。その機会に叙位除目が行なわれ、氏郷は従三位参議に任ぜられ、このときより会津宰相《さいしょう》といわれたとある（『氏郷記』）。

しかしながら、この件には疑問がある。すなわち、文禄二年三月十日秀吉が「もくそ《（牧使）》城とりまき候衆」を命じた朱印の「覚」には、羽柴会津少将とあり（「浅野家文書」）、また、文禄三年（一五九四）四月八日、前田利家が秀吉をその邸に迎えたとき、氏郷も「御相伴衆」として招かれた。そのときも会津少将となっているから（『豊太閤入御亜相第記』）、少なくともそれまで参議には任ぜられていなかったものと思われる。任参議の時期を解く鍵は、文禄三年十月二十五日、氏郷邸に秀吉を

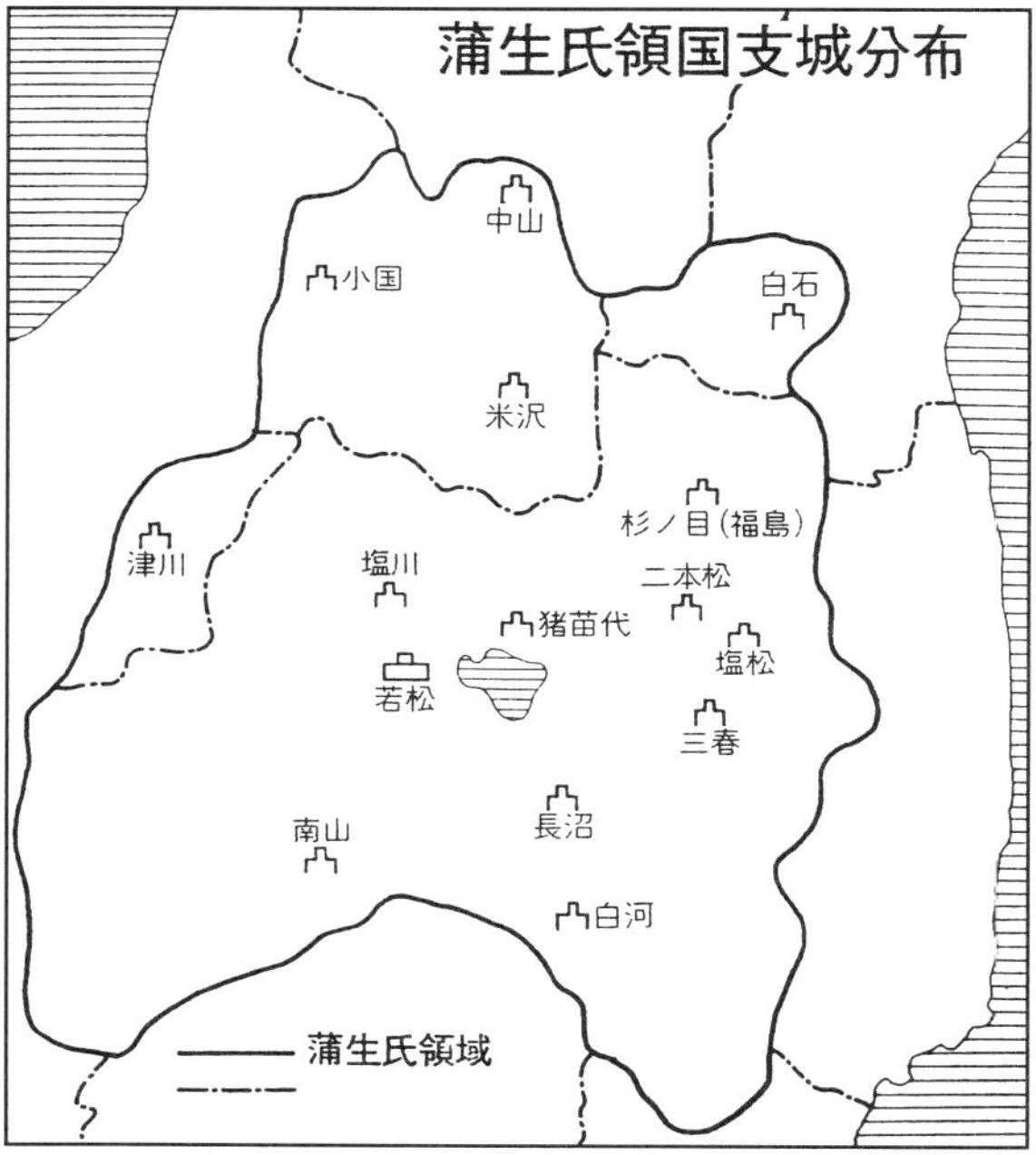

迎えたとき、御相伴衆を列記したものの中に、「あいず少将（今より宰相の位）」の記事（『近江日野町志』日野「小西文書」）にあるようである。また曲直瀬道三《まなせどうさん》の『医学天正記』文禄四年正月の項には、会津宰相氏郷と明記してあるので、それまでに参議に任ぜられていたことは確実である。それゆえ、結論としていえば、氏郷の参議に任ぜられたのは、四月以降十月までの間、極限をとれば十月二十五日に近い時期としなければならないようである。

明けて天正二十年（文禄元年、一五九二）の春に氏郷は会津に下向したといわれるが（『氏郷記』）、三月十五日に博多の豪商神谷宗湛の京都の亭で、徳川家康と茶の湯を興行しているので、そのことは誤りであろう。この年の正月五日、秀吉は諸将に朝鮮出陣を命じており、家康は三月十七日に京都を発し、肥前名護屋に向かったので、送別の茶会を催したものと思われる。

氏郷もやがて出陣するが、その前、三月十五日以後にいったん帰国したものと思われる。

帰国した氏郷は六月一日、築城と城下町の建設を命じ、黒川を改めて若松と名付けた。若松とは、故郷近江日野の綿向《わたむき》神社の前に若松の森があるのにちなんだものといわれる。綿向神社は日野の鎮守で、蒲生氏が厚く崇敬した神社であった。氏郷の『中仙道の記』に近江を過ぎるとき、「ここは我が生国なりければ、古里いとなつかしう思ひけるまゝに」、

思ひきや人の行衛ぞ定めなし　吾が故郷を余所《よそ》に見んとは

と詠じたように、故郷に対する強い思慕の現われともみられる、また松ヶ嶋移封によって運が開けた

として、松の字をとり松坂築城をしたような意識も働いたものであろうか。しかし、氏郷は構想を指示したが、その成果を見ないうちに、その年の夏、再び会津をたち、中仙道を通って上洛して名護屋に赴き、その年は秀吉に従って、その地で越年した。

黒川改め若松は、芦名氏の築城以来栄えてきたが「其比《ころ》の国俗当世に替って、村々里々地頭面々が領処の内に宅を構へて居ければ、在府の武士は僅《わずか》近習・有職《ゆうそく》の者共許《ばか》りなれば、棟数少くして士商相隣《となり》て居ける」（『会津四家合考』）ありさまで、いまだ城下町としての整備はなされていなかった。天正十八年（一五九〇）秀吉が会津にはいったとき、八月十日に大名に対してはその妻子を在京させ、領内を検地して、家臣の居城をことごとく破却し、その妻子を領主居城に、あるいは会津に集中することを命じたので（『盛岡市史』第二分冊、南部信直あて「覚」）、「地頭面々領処の内に宅を構へ」るような武士の在地居住は払拭され、兵農分離は促進されたに違いなかったが、氏郷としては、征戦に追われていまだ整備する余裕とてなかったのである。

氏郷は東北の押えとしての使命を果たすとともに、広大な領国の軍事・経済的封建支配の中心としての城郭と城下町の建設を考えた。先に松坂築城の経験をもっていたが、そのうえに、曾根内匠らに命じて、甲州流の縄張りをもって内外郭《くるわ》を築き、周囲の塁は高く、深い堀をめぐらし、中央に天守閣を掲げ、櫓《やぐら》・多門《たもん》・馬出《うまだし》などを造らしめたと伝える。曾根内匠は真田の牢人で、九戸一揆のとき、真田隠岐守とともに氏郷に随身したものである。

天守閣は七層楼で、名護屋に在陣中の氏郷は、秀吉の築いた名護屋城の図面をとり、それに模して築かしめたと伝え、その完工は文禄二年（一五九三）六月十五日とされる（『会津旧事雑考』）。天守閣などのある内郭は南に湯川をひかえて設けられたので、外郭は北方に広く、外側に堀をめぐらして町人町と分かち、堀の内側にはさらに土居《どい》（土手）を築き、通路には城戸《きど》を建て、警固の武士を配置した。外郭内部は東西三里（六町一里）、南北二里の十字路を通し、それを基準として条・小路に分け、侍町とした。

郭外の町割りは、東西と南北にほぼ直行する道路で区画されたが、要所は道路の交錯に食い違いがつくられた。松坂の町割りでは、主要道路に屈折を設けたが、その形は異なるにしても、見透しを悪くする防備的な意味をもつ点においては、共通するものがある。伊勢の松坂は道路の屈折のゆえに「腋《ひだ》の取り様《よ》で襠《まち》悪し」と狂歌にうたわれた。若松も道の狭さと食い違いのため、

　黒川（黒皮）を袴にたちて着てみれば　町（襠）のつまるはひだ（腋＝飛驒）の狭さに（『会津四家合考』）

といわれたのは、同じ発想にもとづくものといえる。

その町割りには、町人や近郊農民の夫役に負うことはいうまでもないが、氏郷に従って来住した倉田為実や芦名旧臣坂内《ばんない》実乗・角田憲光ら町年寄の実際的な働きのあったことが指摘される（『会津若松史』二）。

城下町は町人・手工業者の居住区で、その中心は大町通りであり、それと七日町の交わる十字路の広場は札《ふだ》の辻とよばれ、諸街道の集中する起点であり、城下の中心であったので、高札場が設けられ、いわば城下町支配の一つの場となっていた。

城下では「魚塩交易の利を通ずるため」(『近江日野町志』「定」)市を開くこととし、大町において一月十日に年始めの市祭りを行ない、以後馬場町一・八日、本郷町二・七日、三日町三・三日、桂林町四・九日、大町五・十日、六日町六・六日と六斎市《ろくさいいち》を開くことにしたため、市は毎日どこかで開かれることとなり、商業活動も盛んで、町もにぎやかになった(『会津四家合考』)。

氏郷は城下町繁栄のため、近江日野ならびに伊勢松坂でも楽市・楽座を令して、商業の自由な発展をはかったが、若松でも同じ政策をとったようである。氏郷の死後、その子鶴千世(秀行)の襲封を

管理した浅野長吉は、文禄四年七月二十一日、若松へ「掟条々」を下した。その由来をみると、文禄四年七月十三日、秀行入国のとき浅野長吉同道にて下向し、蒲生四郎兵衛に諸事の仕置を命じた。その折り玉井数馬助・町野左近助・蒲生四郎兵衛、それに町奉行池田和泉参会の席上に町年寄を召し集め、町方の意見を書状で提出するよう命じた。そこで、「氏郷様御仕置の通りに仰付られ下され候様に」と申し上げたので、「彈正様（長吉）より諸事の御仕置の御判形を右の仕置所へ渡し聞き申しなされ候」（「簗田文書」所収「稲村勘解由外九名連署書状」）とあるから、「掟条々」は氏郷の遺制とみることができる。その中に「当町塩役・しほの宿・ろう（蠟）役・かうじ（糀）役・駒役・此のほか諸座有るべからざるの事」の条がある（「同前」）。生活必需品としての塩・米を原料とする糀《こうじ》、重要産物の蠟および軍事・運搬に重要な馬は座を認め、統制の中におくが、その他は楽市・楽座にすることを命じたものである。

ついでに、この「掟条々」で興味を感ずることは、その中に城下町の民政にとって興味深い問題の含まれていることである。前に若松では町内に町年寄（のちに検断といわれる）のあったことが知られるうえに、「町奉行より申ふるる子細これ有らば、月行事まで申付くべきのこと」とあって、町政は町奉行と、その支配の末端には町年寄、町奉行よりの触《ふれ》を受ける月行事など町役人のいたことがわかる。

氏郷の日野より松ヶ嶋移城にあたっては、日野町人の移住も多く、松坂に移るときには、農民以外をことごとく移転させた。若松に移封されるにあたっては、そうした政策はみられず、主として芦名氏時代の商人を包摂し、それを郭外に住まわせたが、日野の商工業者で、ともに来住したものもある。それを置いたのが日野町（加藤氏時代甲賀町と改める）である。それらの中には、日野椀の技術を伝えたものもあって、いわゆる会津塗の起源となった。文禄四年の「会津知行目録」をみると、職人百三十人に一人四人扶持五百九十石を給しているので、各種武具職人を抱えていたことがわかる。それらは町に区画をなして住みついたようで、その中には就封とともに来住したものもあった。

なお、旅宿と遊女屋は城下町の町はずれに設けた。

武家屋数の多くは郭内に設けられたが、身分の低い徒侍《かちさむらい》や足軽などは、郭外の町屋敷の外廻りを囲むような形で屋敷を割りつけ、それに配置した。町割りのとき、郭内にあった寺院はほとんど町屋敷の外縁に移した。とくに北部と東部にもっとも多い。寺院の中には恵倫寺のごとく、父賢秀の菩提を弔うために建立したものや、もと近江日野にあった妙心寺末の成願寺を移したものもあった。ただ一つ郭内に残されたものに興徳寺がある。名刹として崇敬したためであろう。こうした寺院配置は松坂にもみられ、また近世城下町の一般的な特色であって、防備上の意味をもつものであったが、若松の場合には徒侍・足軽屋敷の配置と相まって、防禦的機能が強調されている。

会津九十一万石

一般にこの期における大名の封建的支配は、農民を直接的に掌握し、年貢諸役を収納することによって成り立つものであったが、そのためには耕地を調査把握する検地が必要であった。一方、これを中央政権の立場からみれば、検地によってはじめて大名領が画定され、それが軍役その他諸役の基準になるものであったから、検地は大名知行の掌握を確立し、大名統制をはかるための必須の要件であった。たとえば文禄四年六月二十九日の島津氏にあてた知行目録の前文に、「検地の上を以て」「扶助せしめ訖《おわ》んぬ。全く領知ある可きものなり」というのは、文禄三年の検地を前提とし、あらためて新恩地として給するの意味であって、その背景には、加藤嘉明にあたえた朱印状に「国持に臆病者これあらば御闕所《けっしょ》なされ、なお以て国主にも仰せつけらるべく候」（「水口加藤文書」）というような、秀吉の強い大名統制の意志が内包されていたのである。

こうした統制の厳しさは、蒲生領においてもみられた。氏郷が会津に移封されて以来、天正十八・九年にわたって羽柴秀次の手による検地が入れられ、そうして決定されたのが七十三万四千二百七十石の知行高である。

全国統一を成就した秀吉は、文禄三年（一五九四）から検地基準を整え、全国統一検地を実施することとし、会津蒲生領に検地を令したのは文禄三年四月のことであった。そのとき、他にみるような「検地御掟条目」が渡されたに違いないが、今それをみることはできない。

蒲生領で実際に検地が施行されたのは文禄三年六月である。今に残る「文禄三年検地帳」には、地積と名請人のみが記載したものと、地積と貫文高に名請人を記入したものとの二通りがある。その貫文高を地積によって計算すると、それが天正十八年の「出羽国御検地条々」と同一基準の採用されていることがわかる。しかし検地の結果にもとづく「高目録」は、石高表示をとっているので、貫文高は一定の基準で石高に換算されたものとみられる。『会津旧事雑考』には、氏郷入部のころ判金一枚（一両）を永楽銭一貫文と換え、永楽銭百文で米七斗と交換させたというから、それをもとにして貫文高を石高に換算すると下表のようになる。それは「会津草高発貢納式」によって計算された（『会津若松史』2）石盛と、まったく同一内容のものとなる。

貫文高と石高の関係表

事　項	文禄三年検地帳記載の貫文高	永楽銭百文に米七斗として換算
	反当り貫文高	反当り石高
上　畠	100文	7斗
中　畠	80	5.6
下　畠	50	3.5
上　田	200	14.0
中　田	180	12.6
下　田	150	10.5

この検地実施の結果で村々の高が決定され、それにもとづいて七月に蒲生領の「高目録」が作製された。

そうした作業の結果として、文禄四年五月に蒲生氏奉行連判の「会津知行目録」が秀吉の手元に提出されたが、秀吉はそれに一々検注を加え、六月三日に公表した。

まず天正検地の七十三万四千二百七十石に文禄三年検地の出目分《でめぶん》十八万五千五十石を加え九十一万九千三百二十石とするに対しては、上方でも検地の結果三～五割の出来があった。会津は遠国だから前の検地では安く見積られているので、その分の出米もあるはずなのに、届出の出米は少なすぎる。文禄三年の大水による川・山くずれの荒高《あれだか》六万三千石を総高より差し引いて、残高八十五万九千二十石とするについては、そうした荒高は検地のときに除くべきものであるから、出目分から差し引き、出米は十二万石と書き付くべきである。これは出米の少ないのを隠すため、高の中に書き上げ、そのあとで差し引いたものではないだろうか。また一万石の「切符」の物成三千八百石を会津・京・伏見・大坂の中間、会津留守居年寄、京・伏見・大坂の留守居侍に切米《きりまい》として支給し、九千四百五十石を扶持方にあて、その物成《ものなり》三千四百石を徒《かち》・中間・留守居年寄・職人の扶持米としているが、これらは元来、蔵入分から遣わすべきであるのに、知行高から引き落として支給するのは、蔵入高を少なく見せかけるものかと細く批判した。蔵入高十八万二千二十石については、その高は検地の出米分と同じだから、検地以前の蔵入は一粒もないことになると辛辣《しんらつ》な意見を加え、蔵入に新知として新たに五万石を加えたとの申し出でに対しては、京・伏見・大坂の留守居・掃除坊主・小者などに四石あて配当することまで書き付け、高より差し引いているのに、新知五万石を書き付けないのは、五万石は四石よりも少ないというのかと手厳しい批判を加えている。

結果として秀吉は、こうした不審の点につき、家老どもの私曲・不正があるのではないかと疑い、またそうした行為は置目に背くものとして取り調べ、その結果、事実があらば、家老らは「日本国」より追放するか、成敗を加えるかの重刑に処しよう。蒲生領は没収すべきであるが、幼少で、なにも知らない鶴千世（秀行）の知行を奪うのも不憫《ふびん》だから、近江の在所で堪忍分二万石を与え、その後功あらば取り立てもしようとの旨を諸大名にふれ、納得するようにうながした。

知行の遣わしかたに「損益に暁《さと》く侍る君の恩禄の地は必ずくだけて、むつかし」（『甫庵太閤記』）かった秀吉は、氏郷に「別して御目を掛けられ」、そのうえ古い家老らの補佐もあることとて、そのまま遺領を鶴千世に相続させ、「家康の聟《むこ》」にまでする恩顧を加えたが、恩顧は恩顧として「置目」に背く場合には、断固として処置するほど、大名の知行掌握には強い意志を示し、大名統制の実をあげようとしたのである。

天正検地における蒲生領の年貢率は不明である。しかし、文禄四年の「会津知行目録」には「たい所入」すなわち蔵入分の物成は「三つ八ふん」（三八％）とあり、「切符」・「扶持方」の物成も同様の計算になるから、少なくとも文禄検地以後の年貢率は、それを基準としたことは疑いない。文禄四年に会津にきた浅野長吉の下した「条目」のうち、「免相の儀、定置くごとく納めあるべき所、定置く免《めん》おこし取る事、曲事たるべき事」とある、その「定置く免」とは、その年貢率を示すものである。

しかし「定置く免おこし取る事」を禁止しても、実際には個々の村の実情に応じ、また給地は給人と百姓との相対《あいたい》をもって決められる場合もあったとされるから（『会津若松市史』2）、同じ石高でも収納される年貢量には違いがみられた。

蒲生領の年貢は「半石半永」といわれ、年貢米を中分し、米と永楽銭を等分に収納する租法である。蒲生米沢領を受け継いだ上杉氏米沢藩では、この氏郷の遺制を幕末期まで継承していたといわれる（『山形県史』）。その租法は、氏郷入部のころ、米価が安くて不便であったことから、永楽銭百文七斗替えで、半ばを銭納させたのである（『会津旧事雑考』）。おそらく、米市場の狭隘なため、銭の収納を有利としたものに違いない。農民は半永納のために、その生産物を売却する必要があった。

農民は年貢のほかに諸役など労働力を負担させられた。文禄三年六月八日『大沼郡門田之内柳原村御検地□（帳カ）』は家付六間をあげ、六人役を負わせていることや、蒲生源左衛門郷成が八田野村一円を知行地として給されたときの年未詳十月二十一日付け書状に、「今般肝煎《きもいり》共罷越《まかりこ》し、免相《めんそう》（年貢率）并に八木（米）・諸役の儀、これを相究《あいきむ》べし」とあることに、そのことが現われている。

給人の知行地を文禄三年七月「高目録」について猪苗代郡にみると、中小身の場合は一村にまとまることが多く、大身の場合は一村単位で数ヵ村にわたり、あるいは郡を異にして支給されていることが多い。たとえば、元長沼城主で蒲生氏に仕えた、いわば外様の新国上総介は、猪苗代郡八重窪村のほかに山郡塚原村にもその知行地がある。蒲生将監は嶋田村を分けた百七石九斗四升と須川野・妙見を一村知行して二百四十七石六斗九升を領し、そのほか稲川郡金沢および河沼郡勝常寺などを一村知行地として与えられている。城持ちについては、「二本松御城分目録」（『近江日野町志』）によって町野左近助繁仍の知行分をみると、「御城付分」として一万八千石が給されている。城持衆の知行分が、城に付随した形で給されていることは注意されることである（『会津若松市史』2）。また城持衆でも白石《しろいし》城持ちの蒲生源左衛門郷成が猪苗代郡堤場村で二百七十七石二斗四升を、塩川城持ち蒲生喜内頼郷は稲川・河沼・山諸郡で数ヵ村の知行地を与えられていることも、氏郷の領内支配の形として興味がある。

文禄三年七月猪苗代郡給地の形態

給人と給地村	件数
1 人 1 村 ①	26
1 人 2 村 ②	5
1 人 3 村 ③	2
2 人 1 村 ④	7
4 人 1 村 ⑤	2
5 人 1 村 ⑥	2
かちの衆 1 村⑦	1
計	45

注 文禄三年七月猪苗代郡高目録による

家臣団の給地を除いたものが蒲生氏の蔵入地で、いわゆる「だい所」分として、領主自身の経費を賄う部分である。その高は慶長二年（一五九七）に二十五万千八百七十石といわれ（『慶長二年秋藤三郎（秀行）倉入在々高物成帳』）、文禄三年「会津知行目録」の十八万二千二十石とは六万九千八百五十石余のひらきがある。これは秀吉の検注により知行配分の不備を叱責されたので、蔵入高に扶持分などを加え修正して了解を取りつけた数字であろう。

蔵入地は全領に分布するが、その十％は会津盆地にあり、そこだけでみると、会津諸郡の総石高に対し、蔵入地は三十六%を占め、若松城周辺の地に密度の高いことを示している。特に会津盆地の中核となる豊沃な河沼・門田《もんでん》二郡では八十%前後を占めている。

蔵入地の管理は代官所を設け、それをそれぞれ家臣に委任した。同じ東北でも伊達・上杉氏などにあっては、蔵入地代官に選ばれたのは、大名に親近な旗本・馬廻の臣であったとされるのに対し、蒲生氏の管理方式が特殊であるのは、蒲生氏の家臣団構成、さらには権力のあり方自体に関係があるとされる（『会津若松市史』2）。蒲生氏は日野より伊勢松ヶ嶋転封のとき、すでに家臣団の中にあった国人的性格は払拭されていた。いわゆる一家・紋の内・譜代は別として、外様的な家臣にしても、多くは氏郷との個人的な結びつきを土台にしていたので、長い征戦の間に、「身うち」的な感情に結ばれる点のあったことは否定できないようである。いわば、蒲生氏の支配構造をささえるものは、そうした関係であったところに、蔵入地支配にも特色があらわれたものであろう。

蒲生氏の財政は、この蔵入地の米石半永の年貢にささえられた。慶長二年の年貢率は三つ六分半（三六・五%）とされるから、その年貢米量は蔵入高二十五万千八百七十石六斗に対し、九万千九百三十二石余となる。そのうち半石分の米は、一部を扶持米にあて、大部は永銭に替えた。それと、永納銭および浮所務《うきしよむ》（臨時雑税）収入を合わせ、そのなかより国元雑費支出を除いて、大部分が領内で金に替えられ「京上」された。これは上方における支出にあてるためである。

その上方出費は、いわば豊臣政権への奉仕のためである、政権に服属し、それを支持するためのものであった。そのことは、文禄三年（一五九四）十月二十五日、京都柳馬場の氏郷邸に秀吉を迎えたことに、その一端がうかがわれる。その饗応は最初八月上旬に予定されていたので、邸宅の普請などを進めていたようである（『近江蒲生郡志』松江「蒲生文書」）。しかし、延期されて十月二十五日に秀吉を迎えた。その日の御相伴衆は勧修寺・菊亭・中山・日野諸卿のほかに徳川家康・前田利家・伊達政宗・佐竹義宣・京極高次ら五十人、また彼ら付きの諸大夫・平侍四百五十人、能楽四座ら楽屋の者三百人にのぼり、秀吉には七の膳で用器は金、または金蒔絵を用い、相伴衆には五の膳以下全部を饗応し、丁重をきわめた。

また秀吉への進物は一文字の太刀・毛の馬の鞍置・小袖五十・紅花千斤・正宗の脇指・しらが糸二百斤・綿千把・銀子《ぎんす》千枚という豪勢さであった。家臣らも、それぞれの分限に応じ、田丸具直・関一政の太刀・小袖一重《かさね》をはじめ、蒲生源左衛門ら三人で綿二百五十把、蒲生将監ら十四人は計二千七百五十丁の蠟燭を、佐久間久右衛門ら七人は杉原紙二十束、外池甚五左衛門ら三人は紅花三百斤を、蒲生主計ら三人は小袖三重を献じた。なお相伴衆・諸大夫・平侍・楽屋者にもそれぞれ進物が与えられている（『近江日野町志』日野「小西文書」）。

こうした莫大な出費も、いわば氏郷の秀吉への服属を示すあかしであり、秀吉からすれば、大名を自己政権の下に統制する手段であった。そのため、南部信直は文禄二年（一五九三）五月二十七日、肥前名護屋より八戸信栄《のぶひで》に書を送り、その中に「只今御新しき天下に候、又大事にも候はば、若し不相応の事を差し仰せられ候とも、申し分け事無き手前、不調に候へば則ち身上はて候」と述べ、秀吉は小者でも主によく奉公する者は引き上げ、侍にしているので、みな「我おとらじと奉公仕候」ように、さまざまと「からくり」をしている有様であり、自分としても「日本のつき合にはぢ（恥）をかき候へば、家の不足に候」と、秀吉への奉仕について精根を尽くすべきを述べている（『秋田県史』資料「古代・中世編」）。

秀吉の大名統制は、大名の家臣団に転嫁されていく。すなわち「からくり」の意味は、領主財政の不足を、家臣団・農民の犠牲に強いることである。氏郷の時期には不明であるが、慶長二年のころには「当年御役儀引」として、各自の年貢収入の三分の一を引き上げているのはその具体的な例である（『会津若松市史』2）。

春の山風

文禄元年軍役千五百人を率いて名護屋に参陣した氏郷は、後備を勤めたため出陣せず、秀吉に供奉して名護屋で越年した。その死後「今三年命恙《つつが》無くて在《おわ》さば、高麗へ国替へのはづなり。朝鮮国を御意に掛られ候様に」との遺書が硯《すずり》箱の中から発見されたという（『氏郷記』）。氏郷の朝鮮へのなみなみならぬ関心をうかがうことができる。

派遣軍の木村重茲らが「もくそ城」に敗れた報を聞いた秀吉は、文禄二年三月十日、「もくそ城」包囲のため氏郷・前田利家を中心とする勢力の派遣と、王城の守備、ならびに王城と釜山間の諸城番の任命を決定したが、ついに渡海のことはなかった。その間のことを最上義光は五月十二日の書状の中に、「われらとかい《渡海》の事、ありそうもなく候。ひたどの《蒲生氏郷》へたづね候も、こうらい《高麗》の御みかた《味方》一所にあつまり候て、又はんまい《飯米》なく候間、人しゅ《衆》に事はかゝず、こめ《米》はなく候間、あとよりこうらいへは、人しゅ御こし候まじく候間、心やすく候」と、氏郷の言として、食糧の不足から渡海の延期されていることを伝えている。もちろん、このときには講和の議も進行しつつあったので、渡海のことも見送られたものもあろう。これによって、名護屋において氏郷が、秀吉の側近にあって枢機に参与していたことも知られる。

八月二十五日、秀吉は大坂に帰着した。そのとき氏郷は同時か、または少し遅れて上方に帰ったようで、閏九月十三日には、秀吉より米二千石を賞与されている（『駒井日記』）。

また、この年秀吉の命により、氏郷の娘と前田利家の二男孫四郎との祝言《しゅうげん》を挙げ、その地位をたかめた。

その年の十一月一日、会津に戻った氏郷は、翌文禄三年正月、ふたたび上洛した。その二月二十五日、秀吉は北政所および側妾を連れて吉野の花見に大坂を出発した。このとき、氏郷は徳川家康・前田利家・金森法印・浅野長吉らと共に供奉して吉野に遊び、高野山を経て、三月四日に京都に帰った。

四月八日、秀吉が前田利家邸に赴いたおり、氏郷も相伴衆として宴につらなった。そのころ秀吉の伏見築城は着々と進行しており、秀吉は仮屋に宿泊することもあった。それにともない、諸大名も伏見に邸宅を構えたようで、氏郷の伏見邸も四月までにできあがったものか、同月十四日には秀吉の御成りをみた（『駒井日記』）。しかし、十月二十五日に秀吉を迎え、饗応の宴を催したのは京都邸であったようである。

しかし、こうした間に氏郷の病気は進行しつつあった。その病気は文禄二年、名護屋在陣のおり下血をわずらったのに始まる。そのときは堺の医宗叔の療治で平癒したようであるが、三年の秋になると顔の色はすぐれず、黄黒く、やせこけ、目の下には浮腫《むくみ》が目だってきた。秀吉を迎えたころには、浮腫がいっそうはなはだしかったので、十二月一日に秀吉は葯（薬）院と曲直瀬道三の二人を召して氏郷の容態を問うとともに、徳川家康と前田利家に諸医を召して診断させることを命じた。診察にあたった道三や上地院・竹田驢庵・盛方院・祥寿院・一鷗・祐安、その他九人の医師の診断はつぎのようであった。一月五日、家康・利家の問いにたいし道三・一鷗は「十中九つは大事である。一つの望みは若さと食事の進むことだけで、万一食が進まなくなり、気力が衰えたら危険である」と答え、その他の医師の答えも大同小異であった。しかし、わずかに望みを嘱して宗叔の薬を続け、ついで一鷗の薬を進めたその効もなく、しだいに気力も食も衰え（曲直瀬道三『医学天正記』）、ついに文禄四年（一五九五）二月七日死去した。時に四十歳である（『言継卿記』）。

その辞世の歌に、

かぎりあれば吹ねど花は散るものを　心みじかの春の山嵐

とあった。京都大徳寺に葬り、一寺を建てて昌林院と称し、戒名を「昌林院殿高岸宗忠大禪定門」と名付けた。またその遺髪は国元に送られて興徳寺に埋葬された。

その死因は心臓病とも（『近江蒲生郡志』）、黄疸《おうだん》とも（『会津旧事雑考』）推定されている。しかし、氏郷の死因については毒殺説もある。その根拠の一つは辞世にある。歌は自己の早世を嘆じたものであるが、取り方によっては毒殺を臆測させる解釈も成り立つようである。

『氏郷記』には石田三成の讒言《ざんげん》によるものとし、九戸一揆のとき、氏郷の指揮・法度の厳正さをみて、かかる良将を愛するは「養虎の愁」に似たりといい、氏郷を除くべしと秀吉に進言したといわれる。とはいえ、忠功第一とする氏郷を除く方法がないので、ひそかに毒を盛ったというのである。

また、文禄朝鮮の役の軍議の席上で、氏郷が、「征伐はたやすいことで、もし朝鮮を自分にまかせらるるならば、ただちに席捲しておめにかけよう。殿下は軍勢を出される必要はない」と述べたので、秀吉は氏郷を忌むようになった。それに乗じて三成が九戸一揆のことを述べたので、秀吉はますます氏郷への憎しみを加えた。ある日、氏郷は瀬田掃部の茶席に列し、にわかに血をはき、それより病を得たとも伝える（『会津史』）。軍議のおりの発言は、前述した硯箱の中の遺書と関連する説話のようである。

あるいは、瀬田掃部の茶席で石田三成と上杉景勝の臣直江兼続《かねつぐ》の謀計で、鴆毒《ちんどく》を盛ったとする説（『会津鑑』）など、さまざまの話が伝えられている。しかし、そのどれもが確証のあるものではなく、あたかも、後年における加藤清正・浅野幸長《よしなが》らの毒まんじゅう説と軌を一にしている。

しかし、逆に毒殺説が生まれるほど、氏郷は「りはつ人」であると共に、勇猛な武将であり、前田利家や徳川家康とも親しい優れた人物であったことを意味するものと思われる。

それにしても、豊臣政権の内部には、氏郷はともかくとして、蒲生氏の勢力を忌む者のいたことは否定できないようである。『氏郷記』に氏郷は「錐《きり》袋にたまらぬ風情にて、一言の端も人に指を指《さ》されじ」といわれるほどの明敏な豪毅な気性が逆に作用したこともありうる。

蒲生氏の危機はその死の直後に訪れている。前に述べた蒲生氏奉行連判の「会津知行目録」事件である。文禄四年二月九日、秀吉は氏郷の嗣子鶴千世に徳川家康の娘を娶せその所領を安堵し、「台所入算用」などは徳川家康・前田利家・前田玄以《げんい》・浅野長政（長吉）をして監査させることを命じた。そうした経緯を経て作製された「会津知行目録」の不正を追求し、処罰を決意することは、たんに大名統制の発露とのみみるだけでなく、家康らに対する不信ともいえよう。

鶴千世の襲封について、徳川家康との関係は特に密接で、鶴千世が女婿というばかりでなく、「諸事亜相より奥州の儀異見《(意)》すべきの由先日に仰出され候由」（『言継卿記』）とあるのは、亜相すなわち大納言家康が「台所入算用」の監査のことばかりでなく、鶴千世の後見を務めたことを示すものである。

そのため家康は極力鶴千世のため秀吉を説得したようで、検注を加えた「会津知行目録」を諸大名に配布した十九日後の六月二十一日には、処罰が撤回された。家康は前田利家にあて、鶴千世の様子に「別儀なき由」を報じ、「満足仕り候」と述べている。

こうして秀吉朱印状の意志が簡単に翻えされた背景には、強力な家康の蒲生氏支持の働きがあったのである。いわば、この事件は氏郷の勢力がはばかられたとするならば、その死を幸いとして、対立勢力の一角を崩そうと計る者と、蒲生氏を支持して、その維持を計る二つの勢力の権力争いが、露呈したような感じを与えるものであった。

氏郷は爽快の気宇を抱きながら、わずか四十歳にして短命の一生を終わって、その才能を充分に発揮する命を持ちえなかった。しかも、不幸なことに、その後裔はみな若くして死に絶えた。日野六万石から四十年の歳月のうちに、会津九十一万石の大名に成長したことには、たんに近世封建制確立期の流動する世相の中で、好運の波に乗じたものとするだけではすまないものがある。そこには氏郷の人格がおおいに反映していたことに注意しなければならない。日野では、その発展の基礎をつくった者として、松坂や若松では開市の恩人として、今もその偉業がたたえられている。家は滅びても、それらの都市自体が氏郷の記念碑として残されたのである。

あとがき

蒲生氏郷伝を書くにあたっての困難は、「はしがき」に書いたとおりである。

書くにあたって、まず必要と考えたことは、現地で史料の採集はもちろんのことであるが、氏郷の人物像をそれぞれの環境の中において画いてみることであった。そのために、滋賀県日野町、三重県松阪市、福島県会津若松市をそれぞれ訪れてみた。そのとき、現地のかたがたの案内や、史料の所在について、いろいろとお世話になった。そのことがなければ、稿を起こすことも容易でなかったに違いない。とりわけ、日野町教育委員会、松阪市教育委員会、会津若松市史出版委員会のご教示に預かった。中でも快く史料の複写を許され、貴重な研究の成果をわけていただいた、松阪市史編纂室の山田勘蔵氏、ならびに会津若松市の山口孝平氏に厚く感謝するしだいである。

氏郷関係史料として、『大日本古文書』所収の各「家わけ文書」は別として、『近江蒲生郡志』ならびに『近江日野町志』からは多くの材料をうることができた。松坂関係では『松坂権輿雑集』が貴重であった。伊達氏との関係では、仙台市立美術館蔵本『貞山公治家記録』、仙台市斎藤報恩会図書館蔵本『政宗公治家記録引証記』の複写を許されたこと、ならびに、そのとき特別に援助された東北大学国史学研究室の田代脩氏のご好意は、忘れることのできないことであった。

会津若松関係では、会津若松市の好意により稿本『会津若松史史料集』を恵贈されたこと、ならびに、すぐれた『会津若松市史』2が完成されていたことは、ありがたかった。とくに、その中の福島大学助教授小林清治氏の立派な論考は有益であり、数多く参考にさせていただいたことを特記して、感謝の意をささげるものである。

そのほか、『宮城県史』・『山形県史』・『秋田県史』・『岩手県史』、その他いろいろな諸氏の論考を参照させていただいたことも、ここに特筆しておくことにする。

しかしながら、そうした各機関、各位のご厚情にたいし、筆を置くにあたり、内容をかえりみて忸怩たるものがある、大方のご叱正を願うことができれば幸いである。

蒲生氏郷年譜（年齢は数え年）

西暦	年号	年齢	事項	参考事項
一五五六	弘治二	1	近江国蒲生郡日野中野城に生まれる。	4・20岐阜の斎藤義竜、父道三を殺す。
一五六〇	永禄三	5	8蒲生定秀、佐々木六角氏に従い、浅井氏と野良田に戦う。	5・19織田信長、田楽狭間に今川義元を斬る。
一五六三	六	8	3蒲生定秀・賢秀父子、佐々木氏の内紛をおさめる。	
一五六七	一〇	12	2・21連歌師紹巴、蒲生賢秀を訪れる。	8・2織田信長の美濃攻略。
一五六八	一一	13	8・2織田信長、入京につき近江武士の従わんことを説く。9蒲生氏、織田信長の江州陣に降り、鶴千代人質として岐阜に送られる。ついで岐阜で元服し、鶴千代を改め忠三郎賦秀と称する。	9・7織田信長上洛のため岐阜を出立。9・13佐々木六角承禎、観音寺城を棄てる。
一五六九	一二	14	8信長に従い、伊勢国大河内城攻めに初陣。この年冬、信長の娘と婚し、日野に帰る。	10・10信長、伊勢北畠具教と和する。
一五七〇	元亀元	15	4信長の越前朝倉攻めに功名をあらわす。5・15蒲生父子、新知を加えられる。	6・28姉川の戦い。12・21六角義賢、信長に降る。

一五七三	天正元	18	5・19信長、近江千草越で狙撃される。時に蒲生父子功あり。4六角承禎攻め・近江鯰江城合戦に参加。7・16槇島攻めに参陣。8・12越前朝倉攻めの先手に加わる。8・28浅井小谷城攻めに参陣。	7・19室町幕府滅ぶ。9・26信長、伊勢の一向一揆を討つ。
一五七四	二	19	7・12長嶋一向一揆攻めに柴田勝家の与力として先鋒をつとめる。大鳥居城攻めに功名をあげる。	4・2本願寺光佐、大坂に挙兵。9・29伊勢長嶋一向一揆攻略。
一五七五	三	20	5・21長篠の役に参加。	
一五七八	六	23	8・15信長の前で相撲をとる。11・9摂津表貝野に出陣。12・1摂津堀口郷付城在番。	3・29羽柴秀吉、播磨三木城を攻囲。11・2摂津伊丹城主荒木村重、信長に背く。
一五七九	七	24	4・29摂津塚口郷守備定番を勤める。	9・2荒木村重、伊丹より尼崎に逃がれる。
一五八一	九	26	9・3伊賀征伐、甲賀口の先手となる。9・11名張郡に働く。この冬、土山城を攻め降す。	10・2羽柴秀吉、鳥取城を陥れる。
一五八二	一〇	27	1・15安土馬揃えに参加。3・15甲州征伐、上諏訪陣に参加。5・29蒲生賢秀、安土城二の丸留守居となる。6・3信長	2・3甲州征伐。3・11武田氏滅ぶ。6・2本能寺の変。6・13山崎合戦。

			の妻子らを供い、日野に籠城する。**6**・5明智光秀の招降をこばむ。**6**・9小脇常願寺、翌日奥島長命寺に禁制を下す。**12**・29日野町に楽市を命ずる。	
一五八三	一一	28	**閏1**・26滝川一益方の亀山城攻めに先手となる。**3**・2伊勢益峯城を攻める。**4**柴田勝家の誘いを絶ち、羽柴秀吉に味方する。**8**秀吉、亀山城を賦秀に与える。賦秀、これを関一政に与え、与力とする。この年、飛驒守に任官。	**2**・9秀吉、伊勢滝川一益を討たんとする。**4**・11賤ヶ岳合戦。**9**・1秀吉、大坂築城を始める。
一五八四	一二	29	**3**伊勢出陣。**3**・16伊勢松ヶ嶋を攻囲する。**3**・28小牧・楽田の対陣に田中に布陣する。**4**・12伊勢峯城を抜く。部将蒲生郷成、伊勢木造城に戦う。**4**・17父賢秀卒する。**5**・6尾張加賀野井城攻撃。**5**・28伊勢河方城を攻略する。**6**・12本願寺光佐に馬を贈る。**6**・13賦秀、日野より伊勢松ヶ嶋に移る。十二万石。**7**・12木造合戦。**8**・12戸木夜戦。**8**・14伊勢口佐田を抜き、ついで奥佐田を抜く。**9**・15木造具政と菅瀬に戦う。**10**木造合	**3**・6織田信雄、秀吉と絶つ。**4**・9長久手の戦い。**11**・11織田信雄、秀吉と和する。

一五八五	一三	30	戦終る。3紀州征伐に参陣、和泉国田中城を攻める。7・11秀吉、関白となる。このころからか、賦秀を氏郷と改める。8越中佐々成政征伐に参陣。この年、大坂の聖堂で受洗し、霊名レアンを称する。	3・23紀州根来寺攻撃。
一五八六	一四	31	11従四位下侍従に任じ、松ヶ嶋侍従という。	1・21徳川家康、秀吉と和睦。12・19秀吉に豊臣姓を賜わる。
一五八七	一五	32	2・25九州出陣。人数三分の一役、千七百人。4・1豊前巌石城攻略。7羽柴姓を与えられる。氏郷、功臣に蒲生姓および片諱を与える。9氏郷・重臣ら、日野綿向神社に修繕料を寄進する。10・1京都北野大茶会。氏郷、二番席の客となる。	1・1秀吉、九州征伐の部署を定める。5・8九州平定。6・16キリスト教を禁止する。
一五八八	一六	33	1・18大和丹生泊瀬寺に山林を寄進する。4・14後陽成天皇の聚楽第行幸に供奉する。4・15氏郷ら、秀吉に誓書を提出する。4・16聚楽第和歌会に出席。このとき、正四位下左近衛少将に任ぜられる。8・4四五百森築城完成し入城、松坂と改名する。11松坂町中掟書を下す。	7秀吉刀狩りを令する。

一五八九	一七	34	この年春、京都大仏殿工事手伝い。7このころ、秀吉淀築城、氏郷奉行する。	11・24秀吉・北条氏討伐の軍令を下す。
一五九〇	一八	35	2・7小田原陣に松坂を出陣。3・28織田信雄に属し、伊豆韮山城を攻囲。4・5氏郷、小田原に呼ばれる。4・9小田原城早川口に着き、ついで城北宮窪付近に陣取る。5・3北条勢、氏郷・織田信雄の陣を夜襲するを撃退する。8・9会津に転封される。8・18陸奥加美郡中新田大崎氏居城を請取る。ついで志田郡古川・玉造郡岩手沢城等を請取る。9・1会津柳津円蔵寺に二百石寄進。9・3蒲生郷成をして、二本松境の処置を命ずる。9・12耶麻郡熱塩慈現寺に百石寄進。10・1二本松開城につき、蒲生郷成にその警備を、町野左近には、浅野長吉とともに岩瀬に赴くべきことを命ずる。10・26大崎・葛西一揆の報至る。秀吉に飛脚を立て、徳川家康に援を求め、伊達政宗にも使をつかわす。11・5会津黒川城を出発。11・6阿子ヶ島に宿泊。11・8二	7・5北条氏直降る。7・13家康、関東八ヵ国を領する。8・9秀吉、会津黒川着。8・12奥州検地を令する。10・16大崎・葛西一揆起こる。

本松に着陣。11・9信夫郡大森に着陣。11・14このころ、氏郷、宮城郡松森に着陣、この日黒川郡下草城で伊達政宗と会合する。11・15政宗の臣須田伯耆、氏郷陣中に来り、政宗一揆に通謀すると讒する。この夜、黒川郡舞野を攻める。11・16玉造郡名生城を落し、以後ここに籠城する。11・20政宗の使浅野正勝、名生に来り、栗原郡高清水城攻めを議する。11・23氏郷、秀吉に政宗の異心を報ずる。11・24佐沼開城。11・27氏郷、木村吉清父子を二十九日までに名生へ送るよう申し入れる。11・28氏郷、政宗への疑心を解き、この日起請文をかわす。12・15これより先、秀吉、徳川家康・羽柴秀次に氏郷の救援を命ずる。この日、秀吉、氏郷の誤報を怒り、軍を途中から召還。12・17浅野長吉、氏郷の疑心をとくため、政宗に人質を出すを勧る。12・27秀吉、再び家康・秀次を氏郷救援に赴かせる。12・28政宗、人質を氏郷に送る。

一五九一

一九

36

1・1氏郷、木村吉清父子とともに名生を出立。1・2名取郡岩沼に泊る。1・3刈田郡宮に二泊。1・5宮を出立、信夫郡大森を経て二本松に到着。1・7二本松にて、浅野長吉・伊達政宗と対面。1・11氏郷、黒川城に帰る。1・27前日会津を出立し、この日二本松より上洛する。2・9木村吉清父子より大崎・葛西十二郡を没収して政宗に与え、政宗より会津近辺五郡を召上げ、氏郷に給せんとする。6・14氏郷、京都を発し、二本松着。6・20奥州奥郡仕置の陣割り、政宗・氏郷領の確定。7・13九戸一揆出陣の法度を定める。7・24氏郷会津を出陣。7・26二本松に着陣。8・6徳川家康・羽柴秀次、二本松に着陣。氏郷、政宗とともに来会する。8・23これより先、七・八日ごろ二本松に出陣、この日、和賀着陣。8・27この日迄に沼宮内に着陣。8この月、松下石見守・山内対馬守、米沢にはいり、伊達氏の移転を監視。9・

2・21秀吉、千利久に自殺を命ずる。9・24秀吉、征朝鮮を令する。

			1九戸の属城姉帯・彌曾利の二城を攻め落す。**9**・2福岡城を攻囲、大将氏郷、軍監浅野長吉、秀次・家康派遣の軍監堀尾帯刀・井伊直政。**9**・4福岡落城、九戸政実ら降を乞う（九戸一揆退治終了）。**9**・14このころより、南部氏居城普請。**9**・20沼宮内まで帰陣。**9**・23これより先、政宗を大崎・葛西に移封し、上・下長井（米沢地方）を氏郷に与える。この日、政宗、玉造郡岩手沢城に移る。**10**・13会津黒川城に帰る。こののち、家中諸士の論功行賞を行ない、城持衆をはじめ仕置奉行・同加判等を定める。**11**氏郷上洛。	
一五九二	文禄元	37	**3**・15博多の豪商神谷宗湛、京都邸にて、徳川家康とともに茶湯を興行。**6**・1会津黒川に居城、城下の経営を命じ、黒川を若松に改める。この夏、上洛し、ついで秀吉供奉衆として肥前名護屋に下り、越年する。	**1**・5秀吉、征明の部署を定める。**1**・26聚楽第行幸。**3**・26秀吉、名護屋に向け、京都出立。**7**秀吉帰京。**10**・1秀吉、大坂を発し名護屋に赴く。
一五九三	二	38	**3**・10牧使（普州）城取巻衆を命ぜられ	**6**・28秀吉、和議七条を明使に

			る。ただし渡海せず。6・10若松城本丸完成。8秀吉に供奉し大坂に帰る。閏9・7二千石を賞与される。11・24会津帰国。この年春、名護屋にて下血を患う。この年、秀吉の命により、息女を前田利家の二男孫四郎にとつがせる。	示す。8・25秀吉、大坂に帰る。
一五九三	三	39	2・8正月若松を立ち、この日入京。4・3秀吉、氏郷に領内の検地を命ずる。領内総高九十一万九千三百二十石。4・13秀吉、伏見の氏郷邸に臨む。10・25伏見柳馬場氏郷邸に秀吉を迎える。このときには病状進行。12・1秀吉、氏郷の病状を曲直瀬道三らに問う。12・5前田利家・徳川家康、氏郷の病状を問う。この年、従三位参議に任ぜられ、以後会津宰相といわれる。	2・27秀吉、吉野に遊ぶ。3・7伏見城の工を起こす。
一五九四	四	40	2・7氏郷薨ず。四十歳。大徳寺に葬り、一寺を建て、昌林院と称する。戒名、昌林院殿高岩忠公大禪定門。	

今村義孝氏と『蒲生氏郷』

矢部健太郎

今村義孝氏の手により一九六七年に刊行された本書『蒲生氏郷』は、氏郷に関する本格的かつ総合的な研究としては、最も早い著作といってよいだろう。今村氏は、二〇〇六年十月十八日、九十八歳という長寿を全うされてこの世を去られているから、本書は今村氏が五十代後半の頃、おそらく大学における教育・研究・学務といった激務に奔走されているさなか、寸暇を惜しんで執筆されたものと推察される。

本書においてまず注目すべきは、「蒲生の系譜」という部分に四六ページ、本書全体の約五分の一にも及ぶ分量が割かれている点だろう。氏郷の人物像を描くにあたり、その生まれ出た「家」に関する史料を広く蒐集し、その系譜、いわば氏郷の人間形成のバックボーンについても詳しく把握しているのである。歴史上の人物について叙述しようとするとき、とかく個人の動向に意識が集中しがちになるが、家庭や周辺の環境が人間の成長に大きく影響することを忘れてはならない。その意味でも、蒲生の「家」に関する詳細な歴史から筆を起こしたという本書の構成は、研究方法としてもたいへん重要と思われる。

さて、秀吉の天下一統事業は、諸大名をいかに支配下におくか、その秩序・構造をいかにして形成すべきか、という難題と常に向き合いつつ展開された。その困難さの理由はどこにあったかといえば、一つには「大名」と一口に言っても、様々な相違があったからである。もともと室町幕府の守護から大名になった者もあれば、国人・商人などから身を立てた者もある。それぞれの出自の違いを乗り越えて、秀吉はできる限り単純な方法で大名を支配しようと試みたのである。

氏郷は鎌倉以来の流れを汲む国人領主の家に生まれたが、その家系の維持は容易ではなかった。織田信長の本拠尾張・美濃に近い近江日野・伊勢松坂などの要地に本領を持ったこともあり、続く秀吉の時代にあっても重要な役割を担うこととなった。徳川家康・毛利輝元につぐ第三位の広大な所領を有したことからもわかるように、豊臣政権の当初よりその存在感は実に大きかった。おそらく、若くして信長・秀吉らと密接な関わりをもったことで、今村氏のいう「近世的大名として成長すべき政治的感覚」を早い段階で身につけていたことが、そうした彼の出世を支えたものと考えられる。

ただし、氏郷の早世により蒲生家は大きな打撃を受け、徳川の時代になっても当主の夭逝が続き、断絶の憂き目をみる。今村氏は、蒲生氏郷研究の大きな障害として、そうした家の断絶による関係史料の散逸・亡失と、東西の広範囲に及んだ所領の遍歴があると冒頭に述べている。加えて、いわゆる軍記類をはじめとする二次史料による伝承・逸話の類いが豊富なことも、客観的な研究の妨げとなっているといえようか。

そのような難解な人物に対し、今村氏は可能な限り客観的な目をこらしつつ、その人生を復元しようとした。時に二次史料の記述の誤りを明確に指摘し、また二次史料にしか得られない情報であっても、複数の二次史料を付き合わせ、妥当と思われる見解を導き出せた場合はそれを披瀝している。そこに到る過程は、気が遠くなるほど過酷で、時間と労力を必要とする作業の繰り返しであっただろう。

残念ながら、私自身は今村氏にお会いしたことはないのだが、本書からうかがえる今村氏の研究に対する真摯な姿勢は、氏自身の人生の中で形作られたものと想像される。『秋大史学』五三（二〇〇七年三月）には、新野直吉氏による「初代会長今村義孝先生を偲んで」という追悼文が掲載されているので、これを参考に今村氏の経歴を簡単に振り返っておこう。

今村氏は、一九〇八年（明治四十一）に九州熊本県に誕生されたというから、私にとっては祖父母とほぼ同世代ということになる。一九二六年（大正十五）に東京高等師範学校に入学され、昭和五年の卒業にともない、新潟県高田師範学校（のちの新潟大学高田分校）に赴任された。九州から東京、そして雪国新潟へという広範囲の移動は、氏郷の一生にも相通ずるものがあろうか。

こののち、昭和十一年に故郷熊本に戻られ、県立天草中学校教諭に転任された。この地におけるキリシタン遺蹟地の探訪、大江天主堂宣教師との出会いなどから、キリシタン研究の道を選ばれたという。二十八歳の時であった。歴史学を志す者にとって、現地踏査の重要性を物語るようなエピソードである。しかし、在天草はわずか三年で、昭和十五年、今村氏は秋田県師範学校へ転勤となった。その後の過酷な戦争体験を経て、終戦の月に秋田に帰任されたという。これより長きにわたり新制秋田大学の教学に心血を注がれ、秋田大学歴史学研究会初代会長、秋田大学史学会への改称時も会長を務められた。まさに「秋大史学」の中心的役割を担われたといえるだろう。

今村氏の研究は、第一にキリシタン研究、第二に出羽・秋田をキーワードとする研究という、大きく二つの柱から成り立っている。それゆえか、新野氏の追悼文においても本書『蒲生氏郷』には触れられておらず、また氏郷に関する最新の著作である藤田達生氏の『蒲生氏郷』（ミネルヴァ書房、二〇一二年）でも「参考文献」の欄に取り上げられていない。しかし、おそらく今村氏は、第一に氏郷がキリシタン大名であったこと、第二に広く東北の英雄の一人であったことから、自身が研究対象とするキリシタン研究、出羽・秋田地域の研究との関連を見通しつつ、氏郷と真摯に向き合われたのではなかったか。最新の研究とともに、今村氏の著作にも改めて注目する必要があるといえるだろう。とかく近年は「専門外」の作者による歴史関係の著作が氾濫しているようで嘆かわしいが、本書をそのような著作と同列に扱うべきでないのはもちろんである。

筆者も豊臣政権を研究する者として、氏郷に注目する必要性は常々感じていた。その理由の一つは、政権内における「武家家格」そして「武家官位」上の氏郷の特殊性である。

豊臣政権は摂関家たる「豊臣宗家」を頂点に、織田・徳川・羽柴家ら最上層の大名を中心とする「清華成」、ついで侍従・近衛少将任官者を主とする「公家成」という国持クラスの大名身分が設定された。彼らには豊臣姓・羽柴名字が与えられ、まさに豊臣「公儀」の中心メンバーとされたのである（拙著『豊臣政権の支配秩序と朝廷』吉川弘文館、二〇一一年）。

大枠はそれでよいのだが、さらに「公家成」大名を精査してみると、いくつかのグループ分けが可能なようである。それを分けるのが「近衛少将」という官職で、これへの任官の有無により、近衛少将を兼ねた「侍従少将」か、単なる「侍従」かという区別があったと考えられる。もちろん、相対的に上位におかれたのは「侍従少将」だったといえよう。

氏郷は、まさにその「侍従少将」であった。そうした人物としては、羽柴秀次・秀勝、織田信包、上杉景勝ら「清華成」大名に加え、「公家成」大名としては蜂屋頼隆・細川忠興などが確認される（拙稿「中世武家権力の秩序形成と朝廷―近衛府の任官状況をめぐって―」『国史学』二〇〇号、二〇一〇年四月）。重要なのは、「侍従」が文官で、「近衛少将」は武官であったことだろう。「侍従少将」とは、公卿以上の「宰相中将」（例えば上杉景勝や前田利家）と並んで、「公武兼帯」すなわち公家としての高い文化的素養と武家としての政治・軍事力とを兼ね備えた、豊臣政権・豊臣大名の象徴的存在だったのではなかろうか。

こうした視点で本書を見返すと、氏郷は軍事的な側面だけでなく、平時の統治、また文化的な教養にも極めて秀でた人物であったことが鮮やかに描かれている。それはまた、氏郷と同じく「侍従少将」となった蜂屋頼隆や細川忠興にも共通する特性、すなわち文武双方に渡る高い能力を有したという個性とすべきであろう。秀吉は、彼らのそうした特性を見抜いて「侍従少将」任官者を選んだのであり、誰でも良かった、というわけでは決してないと思われる。ちなみに一説には、秀吉は当初会津に忠興を置こうとしたものの、彼が断ったために氏郷が入ることとなったともいわれる。こうした逸話も、秀吉にとっての細川・蒲生両家の重要性を物語るものといえよう。

歴史に「もし」はないが、氏郷が四十歳という若さで逝去していなければ、その後の歴史的展開は大きく異なっていただろう。おそらく氏郷は、参議昇進後のどこかのタイミングで「清華成」をとげ、北の伊達家、南の徳川家を牽制する役割を果たしただろうし、上杉家が会津に入ることもなかったはずである。当然、秀吉死後の状勢も大きく変わっていたに違いない。氏郷の存在感は、その早すぎる死によってさらに高まったように思うのである。

（國學院大学文学部准教授）

本書の原本は、一九六七年に人物往来社より刊行されました。

著者略歴
一九〇八年　熊本県飽託郡島崎村に生まれる
一九三〇年　東京高等師範学校卒業
　高田師範学校教諭、熊本県立天草中学校教諭、
　秋田師範学校教諭を経て
一九四九年　秋田大学助教授
一九五二年　同教授（一九七三年退官）
二〇〇六年　帰天

〔主要著書〕
『秋田県の歴史』（山川出版社、一九六九年）、『秋田藩町触集』（共編、全三巻、未来社、一九七一―七三年）、『天草学林とその時代』（天草文化出版社、一九九〇年）、『近世初期天草キリシタン考』（天草文化出版社、一九九七年）、『秋田のキリシタン』（秋田古筆学研究所、二〇〇三年）

読みなおす日本史

蒲生氏郷

二〇一五年（平成二十七）三月一日　第一刷発行

著　者　今《いま》村《むら》義《よし》孝《たか》
発行者　吉川道郎
発行所　株式会社 吉川弘文館
郵便番号一一三―〇〇三三
東京都文京区本郷七丁目二番八号
電話〇三―三八一三―九一五一〈代表〉
振替口座〇〇一〇〇―五―二四四
http://www.yoshikawa-k.co.jp/
組版＝株式会社キャップス
印刷＝藤原印刷株式会社
製本＝ナショナル製本協同組合
装幀＝清水良洋・渡邉雄哉

ISBN978-4-642-06586-3

刊行のことば

現代社会では、膨大な数の新刊図書が日々書店に並んでいます。昨今の電子書籍を含めますと、一人の読者が書名すら目にすることができないほどとなっています。ましてや、数年以前に刊行された本は書店の店頭に並ぶことも少なく、良書でありながらめぐり会うことのできない例は、日常的なことになっています。

人文書、とりわけ小社が専門とする歴史書におきましても、広く学界共通の財産として参照されるべきものとなっているにもかかわらず、その多くが現在では市場に出回らず入手、講読に時間と手間がかかるようになってしまっています。歴史の面白さを伝える図書を、読者の手元に届けることができないことは、歴史書出版の一翼を担う小社としても遺憾とするところです。

そこで、良書の発掘を通して、読者と図書をめぐる豊かな関係に寄与すべく、シリーズ「読みなおす日本史」を刊行いたします。本シリーズは、既刊の日本史関係書のなかから、研究の進展に今も寄与し続けているとともに、現在も広く読者に訴える力を有している良書を精選し順次定期的に刊行するものです。これらの知の文化遺産が、ゆるぎない視点からことの本質を説き続ける、確かな水先案内として迎えられることを切に願ってやみません。

二〇一二年四月

吉川弘文館

読みなおす日本史

- 昭和史をさぐる　伊藤　隆著　二四〇〇円
- 歴史的仮名遣い　その成立と特徴　築島　裕著　二二〇〇円
- 時計の社会史　角山　榮著　二二〇〇円
- 漢　方　中国医学の精華　石原　明著　二二〇〇円
- 墓と葬送の社会史　森　謙二著　二四〇〇円
- 悪　党　小泉宜右著　二二〇〇円
- 戦国武将と茶の湯　米原正義著　二二〇〇円
- 大佛勧進ものがたり　平岡定海著　二二〇〇円
- 大地震　古記録に学ぶ　宇佐美龍夫著　二二〇〇円
- 姓氏・家紋・花押　荻野三七彦著　二四〇〇円
- 安芸毛利一族　河合正治著　二四〇〇円
- 三くだり半と縁切寺　江戸の離婚を読みなおす　高木　侃著　二四〇〇円
- 太平記の世界　列島の内乱史　佐藤和彦著　二二〇〇円
- 白　隠　禅とその芸術　古田紹欽著　二二〇〇円
- 蒲生氏郷　今村義孝著　二二〇〇円
- 近世大坂の町と人　脇田　修著　（続　刊）
- ハンコの文化史　古代ギリシャから現代日本まで　新関欽哉著　（続　刊）